化身學習設計師！
用真實的任務帶著學生愛上學習

二分之一的 魔法教室

廣達文教基金會

編著

為什麼要做「設計學習」？

　　2013 年是我加入基金會第二年，正是翻轉教育如火如荼在教育現場執行之際。為什麼要翻轉教育？就是希望在知識爆炸的年代，在傳統教學模式之外，可以有夠多的學習模式，能夠激起學生的學習熱情，也讓孩子們可以被看到學科表現以外不同的亮點。因此，「設計學習計畫」在與同事不斷討論和塑形中推出，並找到國立臺北教育大學呂金燮教授團隊為顧問，一起把創新教育的理念和方法落實在教育現場。

— — — ◆ ◆ ◆ — — —

　　在計畫執行 10 年後，累積了豐碩的成果，我們希望將這些成果分享給關心教育的大眾。《二分之一的魔法教室》這本書，以任務導向學習（PBL）和設計思維（Design Thinking）為核心指導原則，不僅是一個教育理念的倡議，更是一個經過十年實踐的成果，包含了眾多成功案例和寶貴的經驗教訓。期待帶給教育現場一個實踐的指南，透過教學方式的轉變，提供學生一個生動而有意義的學習場域。

　　設計學習目標是讓學生執行一個真實的任務，在完成任務的過程，解決生活中真實問題，不僅獲得知識，更重要是培養他們的 4C 核心素養能力：溝通（Communication）、合作（Collaboration）、創造力（Creativity）和批判性思維（Critical Thinking）。透過這個「設計學習計畫」，我們不再將學生視為被動接收知識的容器，而是激發他們的主動學習意識，讓他們成為問題解決者和創新者。

　　這本書的獨特之處在於，它提供了一個具體的框架，幫助老師們從慣用的教學模式中解放出來，以學生的學習需求和最終目標為中心，設計豐富多彩的學習體驗。這意味著老師們需要從傳統的講授角色，轉變為引導者和啟發者，激勵學生主動參與到學習過程中來。

我們的教育使命是培育具有創造力、創新思維和解決問題能力的未來領袖。通過「設計學習計畫」，我們期許能幫助老師，啟發一代又一代的學生，成為能夠在不斷變化的世界中蓬勃發展的個體，為社會進步和人類福祉做出貢獻。讓我們一起走向這個嶄新的教育未來，為孩子們打造一個更美好的世界。

1/2 的魔法教室：
從PBL為起點，走向「設計本位學習」

近年來，108課綱中素養導向的倡導，推動PBL成為現在臺灣教育現場熱門的教學模式，首先，PBL的縮寫本身有三種意思（Problem-Based Learning、Project-Based Learning、Phenomenon-Based Learning），其中最為大家所熟悉的Project-Based Learning有很多種課程運作模式，融入「設計思考」思維方式，就是「Design-Based Learning 設計本位學習」（簡稱DBL）。

DBL在引導學習時更具有意識性及方向性。DBL的Design-based是教師以各種議題出發，去設計學生學習的架構，學生則在老師設計的學習架構，從各種真實的議題中，養成以人為本，找到創新方式的思維模式。

而國內一般提到Project-Based Learning通常較為強調跨領域的整合，雖然它一樣鼓勵學生有創意，但相較而言，DBL強調讓學生能實際動手做，將想法打造出來的「原型嘗試」（Prototyping），以及思考歷程與具創意獨特性的「前所未見」（Never-Before-Seen, NBS），再搭配如規準等評量工具的輔助，所以它能很有意識性、目的性的鼓勵4C的培養（Critical Thinking, Communication, Collaboration, Creativity）。

———— ◆ ◆ ◆ ————

「PBL學生的學習成果，跟嘉大附小在民國91至92年就開始推動的資訊素養，或者是專題探究很像。只要探究的主題類似，不同組別或不同屆學生發表內容幾乎相似，大多都是系統的報告、事實性的答案，就是這樣而已。所以發展上PBL似乎就容易停住，看不出學生創意的差異。」從一開始就參與設計學習計畫，後來成為教練團夥伴的嘉大附小沈桂枝校長這麼說。

「PBL融入設計思考就進入DBL，我覺得很不一樣的地方，在於它獨特的創造性。在DBL歷程當中，學生所展現的創意，總是可以在相同過程中，每個學生又有不同的獨特觀點，甚至能用不同方式去展現他想要表達的，

擴展學習的可能性。

「孩子在之前 PBL 的作品，跟他後來在 DBL 的作品比較，我看到層次上的不同。以探究為基礎，孩子需要超越表面邏輯，提出個人的理解與詮釋，才會讓課程、教學或學生的學習，有各式各樣突破的潛力，那就是 DBL 與眾不同的地方。而且 DBL 跟 PBL 的差異性，除了創意的部分，還有原型嘗試、點子實驗室、經營關鍵概念，或者以藝術做為語言……，DBL 的 1/2 真的很多地方不一樣。

「對於一位剛接觸的老師，確實會去思考『PBL 跟 DBL 的關聯』，藉此比較兩者相同和相異之處，來釐清什麼是 DBL 覺得重要的？經過這十年的參與後，我更願意往 DBL 的方向去推展，因為 DBL 有它 NBS 獨特的地方。」

◆ ◆ ◆

這「真的」不一樣的地方，讓許多參與過設計學習的老師，在提到學生作品的創意展現時，時常會用不停、一再嘗試等字眼，在最終發表時間到之前，學生會主動想要一修再修，甚至在發表後仍想持續精進。

> 現在看到小朋友的成果，其實他們在各個階段是一直在做變化，一直在改變，每個作品是一直在精進的，不是只有你現在看到的。（臺北／建奇老師／國小）

學生在解決問題之外，超越原本老師所設定的框架，可以想得更多，想得更好，且所展現創意不僅只是單點的創意，而是包括了他對於整個問題、任務情境的深刻理解，並能夠和自己的生活、經驗相連結。最終產生個人化的理解，還有個人化的獨特觀點，可以說設計學習所達到前所未見的創意，是知識、技能跟經驗的重整。

而這超乎期待的創意破框，孩子們所展現的 NBS 前所未見，也成為老師們教學轉變上最大的能量。

> 設計學習很燒腦力，但是一切從孩子出發，讓孩子去討論和實際操作，真的很不同！孩子很願意去學習，也因為對他們來說，大部分課程都是從無到有，需要花時間去思考和討論，課堂進行就沒

有發呆時間。孩子都忙碌於內容上，學習態度就改變很多，而一旦態度改變，學科學習上都會很順利！（新竹／力瑋老師／國小）

不僅在 DBL 的學習歷程，學生參與程度高，也可以看到老師跟學生之間，在執行任務的歷程中產生許多互動，整個歷程不會只看老師單向的課程設計結果。老師會因為看到學生在任務歷程中有什麼反應、遇到什麼困境，所以去做一些什麼調整，提供一些協助，與學生一起討論……。這個共構學習的歷程，也是 DBL 相當不一樣的地方，而老師也表示因此有了跟學生一起學習的寶貴經驗。DBL 這種師生共構的參與式學習文化特色，在本書的第 3 部中會有更多詳細的說明。

「設計學習」計畫，讓學生可以學到除了知識以外的能力，包括：蒐集與統整資料、創意發想、小組分工與合作、簡報製作、程式撰寫、表達（上台發表）的能力……等，而這些將能成為孩子們帶得走的能力，也是他們面對未來最需要具備的核心素養。

學生的學習從被動變成主動，老師的工作也從填鴨者變成開發者，開發孩子們對學習的熱情與渴望，如此一來，學習和教學都變得更有趣了！（臺北／佩育老師／國小）

———— ◆ ◆ ◆ ————

在 DBL 設計本位學習當中，為了讓學生能自主且積極的持續參與，教師必須成為學習的促進者與協同者，並且有意識地切換為設計師般的思維模式，以終為始，思考希望學生學到的是什麼？是能帶著走的能力嗎？換句話說，教師從教學設計轉型為學習設計者。

關於 PBL 與 DBL，臺北教育大學呂金燮教授提到：「因為 DBL 是 PBL 結合設計思考，它是設計思考文化的概念，但它不直接講設計思考的技巧，而是在於培養設計思考的文化思維方式，應該說培植的概念，而不是直接輸入技巧。DBL 的理念是在培養一個設計思考者，而不僅是在學習運用設計思考的技巧。

「只要願意按著 DBL 的歷程形塑，老師可以習得這樣的思維模式，學生也會習得這種思維模式。DBL 的歷程，並非要你把它當成一種教學策略、

工具，這是一種學習思維的轉向。」

———— ◆ ◆ ◆ ————

　　廣達文教基金會近年一直在思考，面對劇變的社會，如何在科技的浪潮中，培養學生勇於面對變化與未知的不確定性？而這也成為全球教育工作者戮力以赴的目標。

　　這幾年生成式 AI 橫空出世，為大眾帶來震撼，也更加突顯時代變化的速度更趨劇烈，科技前進的速度早已經超越人類自工業革命以來能想像的範圍之外。這樣的時代，更加讓我們對於教育及下一代面對無法想像的未來感到焦慮。如何培養學生更具韌性、彈性、適應性，來面對難以想像的 AI 時代挑戰，成為自許教育創新促進者的廣達文教基金會思考重點。

　　《二分之一的魔法教室》整理了多個實踐案例，以設計本位學習做為培養 PBL 任務導向學習及設計思考的學習文化。相信這本書對於現場教師或教育工作者來說，將是一本極具參考價值的書籍。在現實生活、在教學現場，永遠有各種變因，每個人本來就不應該只是一套方法去應對，而是有好幾套辦法去應對。更重要的是，運用教師本身的專長與在地的資源，化身為學習的設計師，展現 1/2 的魔法。希望這本集結成冊的實踐案例及教學創意，能夠協助任何一位想嘗試不同學習模式的教育工作者。學習方法沒有最完美、最好，只有更適合、更好。

■ PART ■

3

二分之一魔法教室的實踐

任務探究
結合原型設計，
轉動參與式學習的文化

撰文（章節內容）──呂金燮
撰文（學生案例）──黃楷茹

第 1 章

學習是人的天性，為什麼需要設計？

　　學習探索認識世界中的所有人、事、物是人類與生俱來的本性，每個孩子都是天生的心理學家、社會學家與自然學家。不需要太多經驗，我們就學會每個人知道的不一定都對，持續學習是必要的，且是終生課題。既然學習是人的天性，鼓勵學習是學校教育主要目的，課堂上教師每天都在為學生的學習努力，時時刻刻都在教導學生學習，為何還需要特別強調學習的設計？

「三無症候群」在校園裡擴散蔓延

無聊症候群

　　進了學校的孩子最常被問：「學校好玩嗎？」或「學了什麼？」通常得到答案不是「好無聊」，就是「不知道」。Google 一下，可以查到上百筆在學校無聊時可以做的事情。當然，現在學生上課無聊，第一個反應應該是想滑手機、打遊戲（如果手機沒有被老師「暫時保管」的話）。

　　2011 年，加拿大獨立製片艾伯特・內倫伯格（Albert Nerenberg）特別拍攝紀錄片《無聊感》（*Boredom*）探討席捲全球的「無聊症」，其中最重要部分是探究為何學校教育系統的結構會成為製造無聊的最大工廠。學校教育最主要目的，甚至唯一的目的，就是鼓勵學習，為何對大多數學生而言，上學不但不是一件令人愉快的事情，甚至可能是充滿焦慮與無力的學習經驗？

　　教育學者深入分析學校生活的問題癥結後說：「學校課堂生活充滿了控制性的規範，尤其是重複性以及強制性的活動。」（Jackson, 1990）最常見的無聊感是「等待」的焦慮，任何人只要在學校待上一整天，都能夠理解為何大部分學生會感到無聊，教學效果無法直接有效的提升。

　　為了維持秩序，便於集體管理，所有學生有必須學習的內容，有必須完成

的測驗評量，先做完的必須等待全體同學都完成，才能進行下一個步驟。通常這時候教師得費盡各種心思，讓先完成的學生有事情做，以免他們製造麻煩甚至混亂。換句話說，學生得一直等待教師的教學，聽從教師的指令，而這種無法自主的等候，在課堂間製造了大量的「無聊感」。

學校中另一個製造「無聊」的問題是：學生無法充分滿足學習的興趣。充分滿足每位學生的學習興趣與需求，是每位教育工作者都認同的座右銘，但教師們也十分了解這個目標的難度，因為個別差異是一個無法改變的事實，每個學生的興趣、學習方法和途徑都不同，要在有限的課堂時間內，標準化的課程內容與進度下，滿足每位學生的學習需求就變成不可能的任務。

無感症候群

現今學校中大部分老師擔心的不是學生成績不佳，而是學生對於學習無感。然而學生其實不是對學習無感，大部分學生渴望對他們真正有意義的學習，學生對學校的學習沒有感覺，最主要是不相信學校教育對他們的現在／未來有任何益處，學校教育過度強調學術性的學習，造成學校學習意義的喪失。無心於學業或成就不高的學生，在校外能夠主動積極調適，選擇自己所擅長的，調適各種工作與生活的條件，在現代社會已經是很普遍的現象。

面對多變的社會，學校課程的學習與社會活動間的落差，不但不能滿足他們的興趣，更是學習無力時間的延長。有些大學生課後在加油站打工，晚上和朋友玩電子音樂，他們不介意工作的階級，只要能夠讓自己獨立，維持自己尊嚴，學會適應各種生活的條件。就典型知識分子而言，他們的確不夠投入學業的學習，但是他們十分投入自己的生活。

學校造成學生對學習無感的另一個因素是：學校教育過度強調個體的成就。學業成就評量強調個人分數，失敗與成功被視為是個人問題，造成過度的自我膨脹或者過度低估自己的所能，不但不利個人自我決定能力的提升，也造成自我主體性的萎縮，而無法對自我有適切的認識，也是不理解他人一個十分關鍵的源頭。

學生養成以檢視者／比較者的觀點，對於他人行為與成就，用標準高高在上的加以檢視，追求個體成就，掩飾自己的弱點，容易造成對他人的弱點毫不留情，也包括對自己。學校生活本應是最能互相理解的學習場域，卻由於學業

成就的競爭，過度抬高自我的重要性，忽略了與其連結的師生關係和同儕關係，不但不利相互同理共感的發展，甚至與他人為敵，是社會適應困擾循環的開始，也是社會問題的源頭。

無限上綱症候群

按常理而言，如果學生對學習感到無聊，對學習沒有感覺，造成學習成效不彰，老師會想試著做些什麼來改變這個現象，讓學生的學習更富樂趣，也讓自己的教學更有成就感。

這種嘗試當然有，但是當課堂學生人數多達 20 到 30 人，教師窮於設計多元且有趣的活動，化解學生的無聊感後，還得想盡辦法讓學生持續保持注意力，耗損教師許多心力；加上每節的教學必須在 40 分鐘內完成，教師往往必須同時扮演「交通警察、法官、補給軍官和計時員」（Jackson, 1990），這些多重角色讓許多教師在結束一天的工作之後，身心俱疲，對教學倍感無力，想改變的教師往往在學校緊密與強迫的架構中逐漸妥協，成為學校體制緊密運作歷程的一部分。而在成為這些緊密、重複、規範和強制例行結構的一部分後，挑起任何一個變化，對每位教師而言，都變成一個龐大的壓力與挑戰。

《親子天下》雜誌第 73 期（2015.11）調查結果發現，臺灣的教師想成長卻得不到支持，94％教師認同在不同的生涯階段應該發展不同能力，82％教師認為在目前教育環境無法激勵教師。我們的教師想要尋求改變，卻又忙於體制要求；想要嘗試合作，卻又習於領域劃分；想要對話交流，卻又苦於分身乏術。看到學生學習動機低落，學校教育效果不彰，許多積極的教育改革運動者，關心教育的家長和社會賢達，經常對學校教育進行各種教育改革，但是往往把教師／教學當成改革的對象，把教學的改變做為教育改革成功的指標，而忽略了學習者的主體性。

「學校教育萬能」的慣性思維不再適用

按照一般思考，我們總認為「老師教了，學生就會學習」，或者「只要學生坐在教室裡，學習就會自然發生」。當然，任何時刻學生或多或少都會有些學習，問題癥結是，學習了什麼？又學到多少？我們並沒有太大的把握。

在一而再的測驗、考試和補救教學中長大的學生，最大損失不是成績，而是忘了自己對哪些東西有興趣，對學習失去了樂趣。教不等於學，如何讓我們期待的學習結果在每位學生身上發生，讓學生樂於學習，是現今教學設計關切的重點。過去 20 年來，不斷強調學習動機與自主學習的重要性，多元創新的教學策略都在努力提升學習的動機與成效，但大部分學生學習動機低落、興趣才能無法充分發揮的問題依舊，我們對學校教育或多或少都感染了一種失望症候群。

一個世紀以來，我們對人類學習的理解，從猜測到科學性的理解，從動物行為的推論到大腦科學的研究，確立了改變是大腦的天性（Doidge, 2007）這個觀點。環境的變化，促發大腦神經的活化，為了保持大腦靈活性，我們必須持續學習新的東西，而不是簡單重複已經學會的技巧。大腦本就為了適應不斷變化的環境而設計，這個觀點徹底改變了我們對學校學習的設計。

根據神經心理學的研究，人類會感覺「無聊」，並不是沒有事情做，而是做的事情過於例行化，缺乏變化、新意與挑戰，更重要的是缺乏目的性；人類大腦的設計天生好新奇，過度重複性、機械性的活動會在腦內產生壓力荷爾蒙，造成情緒低落、憂鬱，甚至可能危及生命。換句話說，大腦天性「好奇」、「好玩」，「無聊」對身體健康則是一件相當危險的事，也因此許多精力充沛的青少年會用各種刺激或反社會性行為挑戰自己，不惜代價只為了讓自己保持生機蓬勃，只是這並不是我們樂見的學習歷程與結果。

在科技的推波助瀾下，學校不再是唯一的學習場所，學習無所不在，無處不在，各類型網路教學影片唾手可得，學生可依據自己的喜好和程度，選擇適合的主題或講者，聽不懂可以不斷重播，遺漏部分可以隨時補回，更重要的是不用去配合其他人的進度，網路教學的個別性與選擇性，滿足許多學生在課堂中無法獲得的自主性。但是縱使網路教學漸趨多元，我們的學生還是得每天 8 小時，每週 5 天到學校上學，而且花相當長的時間等待教師的指示，等待與其他同學進行同樣的學習，課堂外多元的網路教學媒體或學習機會使得課堂的學習倍感無趣。

變革的時代，不斷湧現的學習內容與科技革命的力量，正在重新定義學習的意義。資訊數據成為新的油田，每位學習者幾乎都掌握了一套包含行動、數位、線上等新科技的鑽油工具，個人可從不同油田獲得資訊的豐富度遠超過課堂的講述；而即時動態的多元媒體下，每個人在媒體上投入的注意力，例如按

讚，都成為可以累計的商品或資本（Wu, 2016）。

多元媒體創造的複合性學習機會，加速了專業領域知識革新的速度與跨領域合作的新途徑，使預設的課程內容相對單薄且失去彈性，教學設計者無法控制學生學習環境，以及這些學習環境中對學習產生的影響力，更不用談控制此類事件出現因素是複雜和不確定的，學習與課堂教學設計的關係正面臨巨大變革，教師必須放棄教育或教學萬能的控制性觀點。

社會與科技的變革，對學習設計新觀點的需求

重大的社會和科技變革正在影響我們的教學和學習方式，教師需要對新型態學習內容與環境建立新的理解，以確保教學實踐跟得上時代且與社會連結相關。但是，教師通常無力快速重新建構新的領域專業能力，或者無暇跨領域團隊合作，縱使可重新習得，也往往與專業領域的專家思維大相逕庭。

以資訊教師為例，資訊教師為了教學或興趣在職進修，或個人自主學習更新自身的資訊專業，但多數沒有接受過像科技業專家團隊研發的培訓歷程，或者從事資訊專業研發的經驗，面對學校的資訊課程，他們了解教師需要表現得像科技資訊專家一樣，給學生團隊合作解決問題的機會，引導學生鍥而不捨地解決卡住的關卡，努力從犯過錯誤或難以突破的瓶頸中，重新學習調整，找到解決方案等，但是這些對習慣以課本內容或資訊技術為教學重點，在課堂中強調個體績效的老師與學生而言，都是一大挑戰。

◆ ◆ ◆

在學校層層緊密的結構與有限的時間中，如何支持教師發揮創意，回應學生的學習需求以及社會與科技的變革，將學生的學習效果最大化？教育學者認為最簡單解決方式就是：改變看待教學與學習的觀點，支持教師成為學習的設計者（Dewey, 2001；Sims, 2006）。儘管目前學校強調的知識與能力仍然很重要，老師的教學技巧與班級經營方式對於成功的學習亦至關重要，但面對未知與充滿不確定性的未來，單一性或與生活社會斷裂的教學設計觀點備受挑戰。如果要改變學生對學習的態度與成就，以及回應新興的學習型態，教師做為知識的教學角色需要重新調整，轉換為學習的設計者，為學習者，包括自己，設計一個面對未知與醞釀新知的通道，一個有效促進新型態學習的條件與情境。

你就去想！設計東西本來就是要想！

我們問宥鈞，會給現在正在參與設計學習的學弟妹什麼建議？宥鈞告訴學弟妹：「你就去想！設計東西本來就是要想。」「不斷地想」，也是宥鈞對這段設計學習經驗最深刻的註解。

陳宥鈞

設計學習學校 | 嘉義縣美林國小

設計學習經驗 | 108 學年「2030 年有聰明水流的天赦社區地理資訊系統」（小五）；109 學年「一起『變』老」（小六）

受訪就讀學校 | 嘉義縣溪口國中三年級

108 學年度，美林國小邀請小小問題探究家一起來動動腦，為飽受水患之苦的天赦社區創化出一個前所未見的「2030 年有聰明水流的天赦社區地理資訊系統」，讓居民了解流水在社區內的運行狀況，當再度發生強降雨時，能從容應對，減少大水造成的影響與衝擊（108_美林_任務信）。當時小五的宥鈞加入了這次的任務，也是美林國小第一次申請「數位任務」。

在拜訪社區家長、耆老和實地踏查後，問題探究家們先「了解過去——水如何動？（任務一）」；接著「拆解現在——大師作品中水如何能聰明的動？（任務二）」，解析世界各地讓水聰明流動的案例，分析原理，統整其要素；然後再依據前兩個任務所得，「預測未來——設計藍圖（任務三）」；最後探究家們根據藍圖，運用科技實際打造出「2030 年有聰明水流的天赦社區地理資訊系統模型」。

問題探究家宥鈞最後設計出來的作品，名為「哈吉貝一號」，這個聰明水流裝置可以依據不同的水位，發出不同的警示訊息，讓居民了解災情的急迫性，做最適當的應變。「哈吉貝一號」這個名字，是取自前一年釀成嚴重淹水的颱風名字。

開展這天，宥鈞站在「哈吉貝一號」前面為觀眾解說他的作品：

　　為了說明裝置的機制，宥鈞一會兒站左，一會兒站右，引導觀眾看裝置的各個部位；宥鈞為了讓觀眾更清楚了解裝置的運作，一邊拿道具演示操作，一邊清楚的告訴大家，在不同的淹水高度，裝置會發出不一樣的警示訊息，居民應該如何應變；最後宥鈞回應觀眾的提問，為何裝置要安置在社區的中排？因為據他了解，那裡是社區淹水的起點；接著宥鈞把腳舉起來，解釋為什麼第一個警示訊息要訂在 15 公分高度。

　　右邊這張照片中，宥鈞靦腆的笑了。因為有觀眾問他，裝置的防水設計如何？這是他早就知道自己還沒有完善的部分。

　　美林國小昭瑾老師在結案報告裡，特別提到宥鈞在這次任務的改變，從原本的大而化之，開始注意細節且精益求精。

　　宥鈞的個性大而化之，做事只求有就好，不注意細節。這次的任務中，電腦是他較拿手的項目，他完成後會幫助同學解決難題。因應

同學的要求，他不得不去注意細節，也特別做一些和同學不同的效果。做簡報時，老師沒有要求要有影片，只有他一個人加入影片。

◆ ◆ ◆

時隔三年，宥鈞現在已經國三了，黝黑的皮膚跟小時候樣子有點不太相同，但說起話來還是帶著靦腆。我請宥鈞先說說覺得自己很棒的地方？很喜歡做的事情是什麼？

宥鈞想了一下，有點不好意思的說自己喜歡田徑。也許他知道今天是請他回來談設計學習的經驗，卻談了自己喜歡的田徑，而覺得有些不好意思。再繼續說著喜歡的田徑，宥鈞露出自信的神情，開心分享自己甫獲得中長程跑第一名的佳績。當初會開始跑步，是源於國小時同學的邀約，宥鈞說本來「就是意思意思練一練」，但跑著跑著，「就還是堅持下去」，一直跑到現在。在後來的訪談也發現，「堅持」是在宥鈞身上可以看到非常明顯的特質，這可能也跟設計學習的經驗有關。

接著，我們一起看了宥鈞小學時參與設計學習的影片，為今天的訪談暖身，看到自己小時候的樣子，宥鈞又靦腆害羞了起來。

那一段設計學習的經驗，對宥鈞來說，印象最深刻的是持續修修改改的歷程。宥鈞跟我們談著他自己和同學的作品，是如何不斷打掉重練，不斷調整測試，他清楚的描述每個過程，彷彿這件事情才發生沒多久。沒有想過要放棄，久而久之，好像也變成一種思考的習慣。

一直發現問題，一直修改調整

回憶「哈吉貝一號」的產出歷程，宥鈞記得那是一直發現問題，一直修改

調整的歷程。透過當時展出時的作品照片，可以看到宥鈞在作品下面註記這是「第四版」。宥鈞回憶道：

> 那時候就是想要做一個，因為天赦淹水這件事情，然後本來我要做一個圓柱，上面用一個板子，再用一個超音波感測器照下來，最後發現那個杆子支撐不了；然後我們材料也不能用鐵的嘛，因為只有木板，支撐不起來，那就只能有個正方體，所以剛剛上面有看到的。然後最後我做完展出後，老師就跟我講說那個真的有可能會被水泡到爛掉，所以就學到用木頭是不可能的。……就像我本來說，就是用鐵，然後後面再加那個水。

這個修修改改的歷程，宥鈞到現在還記憶猶新，從他的回憶中可以看出，即使已經展出完畢，他都還在思考這個裝置有可能再遭遇怎樣的問題？還可以怎樣修改調整？

發現問題與來回修改調整的歷程，是美林國小整個問題探究家社群的共同經驗，宥鈞說不是只有他修改了好幾版，他印象深刻的一位同學也是：

> 有一個人是用紙板升起來，然後超音波沒有動，……那個紙板是先沉下去，它應該是要浮起來的，因為上面還要裝那些感測的東西，所以它有點重量，他就換這樣子，老師在旁邊看著它，我也發現它沉下去了，然後就沒有成功，所以就只好換材質。

宥鈞記得最後那位同學測試成功了，找到剛好夠輕，能夠在淹水的時候浮起來，但又要夠重，能夠支撐感測器的重量，這樣剛剛好的材料。但還是不完美，因為仍然有些許的「水會濺上來」。雖然還不是百分之百的完美，宥鈞說

相較之下「它其實比我那個好多了，我那個會陷下去」，他邊說邊苦笑了一下。

要努力做下去

　　像這樣一直無法成功，應該蠻挫折的。我問宥鈞，當發現自己就算改了方法，還是不成功的時候，是什麼感覺？宥鈞沒有回應「什麼感覺」，彷彿這件事情與感覺無關，繼續做下去是理所當然：

> 我的感覺……我想大家感覺都會一樣，是因為大家就是努力做一件事情，不會想說什麼放棄之類的，都想要做些什麼，想要拚第一。

養成一種習慣

　　久而久之，就好像養成一種習慣了。宥鈞發現自己這一點跟一些國中同學不太一樣，有些同學容易選擇不做，而自己因為「從國小到現在都這樣」，也比較會想事情了，「以前就是不會思考那麼多，那一次的經歷之後，才會想既然這個可以做，這樣子不能做」。國中時被老師挑選代表學校參加發明展，宥鈞也同樣以這個「習慣」不斷的改良作品，他說這就跟小學時候的經驗一樣，作品「都會有第一代、第二代，好幾代」。

- -

　　在設計學習中，問題探究家們被賦予打造「2030 年有聰明水流的天赦社區地理資訊系統」的重要任務，角色不一樣，行動不一樣，宥鈞好像也在過程中，重新看到自己在學習中的樣子與可能性。

我和老師彼此互助

　　宥鈞在分享作品產出歷程時，常常提到不同老師對作品的想法，這讓我非常好奇，於是我請宥鈞形容一下，在設計學習中他與老師是怎樣的關係？宥鈞想了想，決定用「互助」來形容。

　　有別於一般單向式的指導或幫助，宥鈞覺得他與老師是雙向的互助，雙方都在為了作品產出而努力。令宥鈞印象非常深刻的是，在 109 學年度「一起

『變』老」的任務中，要將長者的生命亮點轉化成藝文作品，宥鈞訪談的是一位賣包子的長者，他的構想是把老先生的生命故事以蒸籠來表現。他與老師談過這個想法後，老師就一直記著，在一次外出時，看到一個招牌上畫著一個一個疊起來的蒸籠，就給了宥鈞點子，而因為一層一層的構想，也讓宥鈞可以訴說長者不同階段或不同面向的生命故事。

> 那個蒸籠，一開始我的想法是一個大蒸籠……，反正我們去外地，然後回來的時候，老師就剛好看到一個看板，一個一個疊起來的樣子，哇！就突然想到蒸籠 - 蒸籠 - 蒸籠，三層疊起來。

宥鈞說在校園中遇到老師，「如果對方想聊的話，只要提一個話題，就可以聊得起來」、「用作品聊」。因為人數少，老師們都知道每位孩子的作品，也因此能隨時就聊起來，激盪作品的想法，如同宥鈞說的「互助」，這是美林國小非常獨特的師生互動樣貌。

▲（左）蒸「龍」歲月作品；（右）宥鈞創作過程照

作品說明：蒸籠代表老先生，他忍受煎熬來成就他的孩子，讓他們成為人中之龍——將、士、相。蒸籠的底面畫上棋盤，代表老先生的興趣；中間一層象徵他自己的真心，所以底面像真的蒸籠一樣用竹片鋪排；黃皮包子表示他在做包子的快樂，白皮包子表示他的用心；最底層的黑白棋，就像他後來的人生，因為生重病，人生變成黑白了。

你自己是最主要的

　　雖然在設計學習的學習過程中，師生是彼此「互助」的，但宥鈞認為無論老師給什麼建議，或看了哪些大師作品，最終作品的產出還是要回到自己怎麼想，宥鈞說「你自己是最主要的」。

　　因此他提醒學弟妹，在進行設計學習計畫時不能完全依賴老師，「要相信自己有那種潛力」；也建議設計學習的老師們「要多給學生一些想像空間」。宥鈞記得老師帶著他們觀察、訪談，讓他們有些想像，也給他們看一些已經設計出來的作品，然後跟大家說大師是怎麼構想的。宥鈞表示「怎麼想的很重要！」，因為我們不是要模仿大師作品，而是要學習可以怎麼想，才能做很多延伸的變化。此外，多看一些作品，才能增加對作品的想像，「還是需要多看看，假設你看了兩個東西，然後放在一起感覺」。

越說越好

　　設計學習計畫最終需要透過展覽來呈現，宥鈞覺得這是最大的挑戰。「嗯，最大的挑戰，應該就是口齒不清，看得出來還是很緊張的」，為了克服這個挑戰，宥鈞不斷的練習，「其實練了很多遍，然後回家的時候天天練」、「背稿就背得比較熟，就比較會講」。由於一次又一次的說，宥鈞表示自己說得越來越好，也不再背稿，可以彈性調整，且能越說越自在。

宥鈞給設計學習計畫的建議

議題：

✔ 我會建議給的題目一定要吸引人！

✔ 天赦主題很好，因為淹水，這個議題很重要，學生也感興趣，就會去做。

老師：

✔ 多給學生一些想像空間。

✔ 讓他們觀察附近的東西，然後讓他們有些想像，或者是跟他們提一些已經被發明過的，你可以怎麼樣改，然後又會是一個好東西；或是可以提起一些名人，說他還有做過什麼事情，然後可以用那種設計出來的東西，跟大家講原來這個人是這樣想的啊。怎麼想

的很重要！

同學：

✔ 要相信自己有那種潛力！

✔ 你就去想！設計東西本來就是要想！

✔ 表達能力要好，不然你做多好的作品也講不出來。還有跟人講話的回應，就是如果他突然問你一個問題，你要有能力可以思考，可以回答。

- 採訪｜黃楷茹、吳亦婕
- 撰文｜黃楷茹

第 2 章

參與式學習，
重新看待學習與教學的關係

　　強調教師做為學習的設計者，並不是否定教學的重要性，不是改變「學習」這件事，而是改變看待學習的觀點，讓課堂學習更具學習的活力。就像以往我們過度依賴智力測驗快速理解與分類學生的能力，美國發展心理學家霍華德・加德納（Howard Gardner）提出多元智能的觀點（Gardner, 2011），讓我們用新的觀點看待學生學習發展的多元可能性；飛機的發明讓我們用新的工具旅行各地，改變了我們對地球的看法；而撼動人心的社會議題與故事，改變人／女人是可以買賣的商品。

　　亞伯拉罕・馬斯洛（Abraham Maslow）也強調當我們看待人的哲學觀點改變時，一切都會改變，不僅是政治哲學、人際關係和歷史本身，對教育、心理治療和個人成長的觀點，對如何幫助人成為他們能夠和深切需要成為的人的理論也將同時改變（Maslow, 1968）。同理，看待學習的觀點改變，將改變我們對學生的學習與結果的期待，如何幫助學生學習成長也將徹底改變。

　　學校教育是改造社會通往未來的橋梁，回應不斷擴展的知識，新興科技工具的革新，以及社會新興的議題，重新看待學校學習，賦予教師與學生新的角色，是每個社會進行教育改革的根本議題。

兩種看待學校學習的觀點

　　我們都深刻理解學校課堂不是工廠，學習不是方程等式或者依據配方可以製造的結果，但是當我們把 20 到 30 位學生放在同一個班級中，100 位甚至1000 位以上的學生，每天放在一個學校裡 8 個小時，為了追求學習的成效，不得不為學校設計一種特殊的學習方式，以利學校將社會認為有價值的知識遺產有效的傳承給學生。

美國教育學家艾略特‧艾斯納（Elliot W. Eisner）分析，近百年來，看待學校學習有兩種截然不同的觀點，學校教育對哪種觀點的擁戴，決定學生應該學什麼、如何學、如何評估學習的結果，當然也決定用什麼以及什麼方法培育教師（Eisner, 2001）。

目標績效導向的控制觀點

第一種學習是「目標績效導向的控制觀點」，深受心理科學的影響，尤其桑代克（E. L. Thorndike）的行為科學論，科學方法與科學研究強調普世通則，可以超越特定情境，以及泰勒（R. Tyler）的課程觀點，認為學校的學習可以脫離生活情境，只要控制好學習的條件，就能提高學習效果。

在這種觀點之下，教學者對於要達成的教學目標需要有很清楚的概念，用一系列的活動與方法達成目標，最後還要評估達成目標的準確性。以這樣的邏輯，教學者必須把教學目標訂得越精確越好，最好能夠用看得見的具體「行為」用語，也就是一般所謂的「行為目標」，才能清楚知道教學的目標是否有達成，或者距離教學的目標還有多遠。

為了明確具體控制教學目標的達成率，這種觀點助長了教學測驗的風潮，測驗成為學校教育不可或缺的一部分，甚至可以說測驗的使用與結果掌控了學校教育，就像各國會為了 PISA（國際學生能力評量）的結果，力圖改善教學；同時為了容易控制學習的結果，強調記憶的單一存款型教學方式成為必要，每個教學單元被視為獨立的內容，甚至每節課都有該達到的教學目標，認為學生累積了夠多的知識內容，日後就能夠應用。

這種方式將學習簡化為達成測驗成就的目標，對教師而言容易控制，學生個別的生活經驗，學生間的合作，領域與領域間的關係，反而阻礙或甚至汙染了學習測驗的成就。具體而言，目標績效導向的觀點，以學科領域知識的內容與組織為教學和學習成效的重點，更甚於學習者生活經驗的連結性。

控制性的觀點，學習是在一條設定的跑道上前進的歷程，容易被評量，也容易造成競爭。

社會實踐生活的參與觀點

第二種學習是「社會實踐生活的參與觀點」，也可以稱為生成式或統整性

的學習。深受約翰·杜威（John Dewey）「教育即經驗」的哲學影響，參與式學習的觀點強調學習者將已知或既有的經驗與其他學科知識，更重要的是日常生活真實性的連結。學習是一種持續參與生活實踐經驗的連結，生活經驗不是混淆學習成就的亂源，而是滋養學習的養分。

對杜威而言，這是最好的教育方式。他認為學習是經驗的互動連結，尤其重視「做中學」的身體力行，教師與學生共同分享學習的責任，學生要對自己的學習負責任，教師的責任則是建構適當的學習情境，幫助學生看見知識與生活間，知識與自身間的連結，提供學生整合這些多元訊息的機會，而不是學習歷程與結果的控制者或監督者。

學科領域的知識，是用來連結其他領域與學生經驗的平台，而不是用來控制學習者思考的工具。因為每個學生的背景不同，每位老師的專長與經驗不同，每個學校的資源不同，沒有所謂普世適用的通則，當然也就沒有所謂最佳的教學法，最好的方式是讓學生參與解決社會真實議題，就如問題導向學習（Problem-Based Learning）與任務導向學習（Project-Based Learning），強調以任務或問題為學習者創造一個自主醞釀知識的學習空間。

從杜威的觀點，這是最符合人性，也是最簡單的學習觀點，但是卻把教學變複雜了。因為要建構適當的學習情境，教師不僅要熟知教學的概念與主題，理解學生的經驗背景與能力，也必須對社會議題有一定程度的掌握。

具體而言，參與式學習的觀點，重視學習者多元經驗的連結，強調學習者經驗和領域知識的內容，以及組織和學習情境的關係。已知與未知之間，過去與未來之間，目標與歷程之間，知識與實務之間，教師是學習同行的夥伴，學生的學習歷程、獨特的創造性產出，則是這些兩兩關係的相互加乘效果，師生共同承擔學習的結果，師生關係在歷程中是動態的，沒有絕對的比例。

參與式學習的觀點，學習是個體在一個設計的空間內，創造性產出的歷程，促發多元的連結，但不容易被具體評量。

▌參與式學習觀點：學習是參與社會實踐中改變理解的過程

承襲杜威的觀點，珍·拉夫（Jean Lave）進一步從人類學家的觀點，強調日常生活實踐中，沒有一種特殊的學習概念，學習是在日常生活中的參與，在

社會的實踐行動中改變理解的過程（Lave & Wenger, 1991）。不論是基於生存演化的結果，還是特定的設計，人類的學習是宇宙中最令人驚奇的現象。現在舉目所見的社會生活型態，包括登陸月球的壯舉、移民火星的夢想等，都是人類自古以來學習與創造性實踐結果的延續。學習是人類社會創造性實踐活動中完整的一部分，是對不斷變化中的社會生活的理解與參與歷程。

參與式學習，強調學習是在社會生活中的存在方式，而不是用來認識社會生活的一種特殊方式；學習者不是一個有人類身體的 AI 機器人，一個運作特定認知過程就可以掌握全世界的獨立個體，而是社會生活實踐的參與者與創造者。藉由置身於社會情境與身體力行的歷程，學習者會記得切身的經驗，會在參與歷程中知道自己需要學習什麼，而且學到了什麼，知道自己還應該學習什麼，未來可以成為什麼樣的人。

◆ ◆ ◆

二分之一魔法教室的參與式學習理念如下：

＃學習是有目的性的整體性經驗

培根（F. Bacon）說：「人類的了解不是乾燥的光線（dry light），而是與欲望和情感融為一體，產生『希望的科學』（wishful science）……簡而言之，情感以無法察覺的方式遍及並影響人類對事物的了解。」（Bacon, 1999）記憶更不是一個單一獨立概念或事件本身，而是整體經驗的參與。

身為人類，兒童的學習與發展是一種社會化的參與歷程。一位 12 歲小孩願意在籃球場不斷練習投球，不外希望能夠跟球隊一起上場比賽，而不是坐冷板凳。為了達到上場打球的標準，願意忍受一次又一次重複的刻意練習，因為他知道打球對他的意義，知道自己在球隊中的重要性。

學校教育需要與生活連結，但不是生活上隨機的歷程，因為教育是一個具有社會價值意向性的學習經驗，學校的學習目的永遠面對個人、社會與未來的生活。學校學習做為個人具教育性的學習經驗，應該成為學生確定生活方向、習得指引其方向的知識、價值和象徵，醫學的目的本為人類的健康而努力，我們期待醫學院的學生本著成為良醫為學習的目的，期待文學家用文字闡述人性帶來啟發，期待數學家用數學敞開宇宙的奧秘，但是不期待他們用醫學、文字和數學的專業鄙視他人，甚至危害社會。

杜威認為教育如果過度強調學術性知識，「會把未來的公民轉變成對於手工藝工作沒有同理心」，而過度強調實務教育，則「導致心靈、道德習慣、理想和前景觀念，進一步分化」（Dewey, 1972/2018）。他強調整體性經驗的教育必須從小開始：

> 以機會平等為理想的民主教育制度，需要從教育著手，從一開始就要統合學習和社會、統合思想和實踐、統合工作和對所做事情的意義認識。

學習是學會面對情境的不確定性與未知性的調適能力

面對劇變的社會，人人期待學校教育可以不一樣，如何在科技網路的浪潮中，培養學生勇於面對變化與未知的不確定性，成為全球教育工作者戮力以赴的目標。

基於大腦與學習研究的發現，學習是一個高度活躍的心理過程，學習者頭腦中的想法與其透過環境所能發現和理解的東西之間，以一種衝突和一種整合的方式同時進行，當學習者闡述一個新思維或概念時，他的所有思維模型都必須在既有概念與外在資訊之間的互動中重新闡述。換句話說，學習本就是一個高度調適的歷程，但這個歷程在一般教學上不被重視，乃至抱怨改變學生想法困難重重。

為培養學生面對充滿未知與不確定性的 21 世紀，英國心理學家海倫·哈斯特（Helen Haste）在聯合國教科文組織（UNESCO）提出未來的公民需要培養5 種素養：處理模糊性與多樣性、欣然接受任務與責任、尋找與維持社群、處理情緒以及善用科技的能力（Haste, 2010），這些是解決真實生活情境問題所需的能力。

行為科學的學習觀點，為了追求效率，過度強調確定性、絕對性知識的學習，脫離情境的分類與標準，造成僵化的學習習慣，刻板印象與偏見，不利個人智能與社會發展。追求絕對性和明確性標準的學習習慣，缺乏獨立發現與對學習內容推理的習慣，容忍模糊性與多樣性的彈性，忽略社群關係與情緒的重要性，造成學生面對壓力與挑戰時，容易採取消極的防衛與抗拒，而缺乏積極調適和改變的動力。

學校學習要連結生活情境，教師必須體認真實生活情境與問題通常是兩難的，沒有標準答案的，解決方法通常是條件性的，需要的知識是複雜的，錯誤是正常的，調整修正是必須的，協調與溝通是必要的。尤其生活的真實性在於每一個行動都需要多元知識的整合，牽涉到選擇的後果，都具價值取向，需要審慎判斷。

學習是一種自主改變歷程

參與式學習強調連結「生活真實情境」，為的是創造教育性的經驗，讓學生了解自己的能力，進一步引導他如何在社會中運用自己能力，成為一位充分發展的人。杜威強調：

> 較新的教育措施之目的，並不在於憑藉一種雜耍玩樂或是吸睛的裝置
> 來包圍學生，從而使事物變得有趣；其真正的目的在於讓學生能理解
> 學校課程背後的核心價值，並帶動學生且支持他們，使他們能自主的
> 奮發向上。（Dewey, 1938）

自主改變的學習歷程，首先必須重視學習的目的在學會。學會一個新知識或者一件事情，關鍵在於能夠運用它，能夠運用自如就代表已經納入了學習者原有的概念結構中。所以簡單而言，學習是一種改變，一個建構也同時解構的歷程，但是能夠促發這個改變的主角，唯一且最省力的，只有學習者自身。

每位學生都有自己在乎的東西，都有自己知識概念運作的邏輯，產生問題、想法、意義和推理的方式，這個運作邏輯會排斥或改變不能引起共鳴的所有訊息，也會擴大所有與之共鳴的訊息（Giordan, 1995）。

我們通常只會聽到我們想聽的話，學生也是一樣，不喜歡、不習慣的就當成耳邊風，這也是為何許多教師得不斷的耳提面命，無論教師如何費心努力，學生沒有自主學習的能動性，一切努力都可能付諸流水。

必須釐清的是，自主學習和自由發揮是兩回事，尤其倡導學生中心的教育者，認為學生的日常經驗應該是選擇和發展教學內容的主要標準，杜威強調自由來自紀律，教師不應該把學生的經驗和有價值的學習經驗混為一談，兩者都朝向有意義學習過程的不同方面，但也不能過度分離兩者，過分強調

學生的經驗，或過度強調有價值的傳統主題時，學習就會發生崩離。（Dewey, 1972/2018）

> 孩子在學校中必須擁有自由，以便他們在握有控制權力，成為控制主體時，能夠知道使用自由意味著什麼，在民主的濫用與民主的失敗消失之前，必須讓孩子們發展主動性、獨立性和富有資源的積極素質。

曾在詹森總統時期當過美國衛生部長，也是卡內基公司總裁的約翰‧加德納（John W. Gardner）舉學校一位12歲的棒球選手回答心理評估訪談為例，例如：「你想成為怎樣的人？」「你覺得自己需要改變些什麼？」「要如何開始改變？」等，這位少年選手很有自信的說想成為更好的棒球選手，得「學會拼音，學會投變速球，每天練習1小時」等。（Gardner, 2015）加德納認為如果所有美國的學生都對自己有這種認知與目標，很多社會上的疑難問題就可以迎刃而解了。無論社會如何改變，未來如何的不確定，學生首先應該關切自己想要成為怎樣的人？而且知道在不同的情境中，如何讓自己更好，了解自己如何付出努力，成為自己的最佳版本。

#學習是參與社會實踐的歷程

「學習科學和學習成為一位科學家並非同一碼子事，學習成為科學家其實是在學習一個文化，而其中帶著所伴隨而來『非理性』意義生成在內。」（Bruner, 1996）。創建哈佛大學認知研究中心的美國心理學家傑羅姆‧布魯納（Jerome Bruner）強調，在學校依據教科書的閱讀或科學的知識學習科學，不是真正做科學。要學習成為科學家，必須跟隨科學家學習或在科學的生活中參與真正的科學實踐，才能保持參與科學探究世界秘密的歷程，啟發源源不絕的學習動機。生活中罕見只有知識與大量的訊息就可以成為科學家，完全遵守理性的科學家更是罕見，也能想像成為 Google 公司的專業人才絕不能只生活在 Google 程式中，每個工程師完全遵守 Google 的規定，Google 很快就會被取代。

生活的實踐是多義性，而且是生成性的歷程，每個專業都有一種專業的實踐知識，有一種約定俗成的交流與判斷優劣的方式，也都有一種不成文欣賞創意的行規。社會與專業生活中，知識與行動本就不可分割，「只有在學校教育

中，知識指的是一堆遠離行動的訊息，而在農夫、水手、商人、醫師和實驗室研究工作者的生活中，知識卻從來不會遠離行動。」（Dewey, 2001）

人類對世界有限理性的認識，不在真空的生活中，沒有陽光、空氣、水的地球上，我們對宇宙的認識與知識的樣貌絕對不同，沒有置身於參與社會生活的行動經驗中，我們絕對無法產生對生命的尊重，單純從看類似《悲慘世界》或者《寄生上流》的影片，沒有參與貧困生活的細節，「何不食肉糜」的心態是很難改變的。學校學習生活將知識與行動分離的同時，學生也將自己的身分定位在學生，而不是生活專業的學習者。

參與式學習觀點所強調的「參與」，作用在於促發成為社會／社群共同體一員的認同感與目標感，而不是一般教學設計把注意力放在引起學生對該單元所學知識內容的動機上。魔術專家的精采表演不是引起學生學習魔術動機或魔術的技巧而已，而是如何可以像魔術專家一樣精采的表演，為此需要習得的多元知識與經驗，就遠非魔術技巧而已，甚至因為魔術的學習，而連結與跨越進其他相關領域。

當學習者朝著充分參與社會實踐的方向發展，從新手到專家的歷程，不但是知識與技能的增進，不僅需要大量時間的努力與投入，更是一種身分認同的建構歷程，而逐漸承擔整體社群的責任與挑戰。布魯納強調實踐社群是一種智能共享與操練的生活方式：

> 你已進入一個社群，使你和那種人可在其中共享著一套延伸智能。是那種微妙的「共享」才構成散布的智能。因為進入這種社群之故，你不僅是進入一套實踐的常規，而是進入一種「演練智能」的方式之中。（Bruner, 1996）

這裡指的智能，不是在個體頭腦中的能力或既定的專業知識內容，而是散布在社群在乎的問題、期待、書籍、對話、典範，以及種種做事習慣與行動中，對社群鏈智能的實踐常規掌握程度越高，表現就越傑出。

能跨出專案的一整個學習

「這是能跨出專案的一整個學習！」這句話是奐宇給設計學習計畫下的註解。我很好奇為什麼用「跨」這個字？奐宇說這個專案是「跨出去」的，不但在學習過程中跨領域，更重要的是，有別於單純的一次性活動，設計學習計畫即便活動結束，影響力還在持續著，是跨時間、跨空間的。

林奐宇

設計學習學校	國立嘉義大學附設實驗國民小學
設計學習經驗	106 學年「再現木／目光之城」（小六）
受訪就讀學校	國立嘉義高中三年級

106 學年度，嘉大附小的小小策展人收到來自嘉義市政府文化局的邀約，邀請他們一同參與第 19 號舊監老宿舍的活化歷程，邀約信是這樣寫著：

各位小小策展人，你們好：

　　還記得學期初法國藝術家 NIKI 重生創造自己繽紛世界的例子嗎？你們是否發現緊鄰學校旁的檜意森活村裡，有一大片整修後的林管處木造宿舍群、以木屋為特色的餐廳，還有很多老舊的木屋民宅？你們是否知道嘉義市是全臺灣木造建築最多的城市？然而，因為維修不易、經濟發展及原住戶的離開等種種因素，讓我們的老木屋正逐漸消失中，雖然有些已重新翻修再出發，但多數仍然需要社區民眾的關懷，使歷史文化得以保留。

　　現在，嘉義市政府文化局邀請各位小小策展人以「舊監老宿舍 No.19」為任務，深入了解老木屋，提出前所未見的觀點，重新為老木屋發聲，並且幫助它重生。藉著「重深、重生、重聲」三部曲，

學習大師的設計手法，再現一個前所未見的展覽——木／目光之城。

　　你們的任務就是擔任「重生魔法師」，變出一個前所未見的展覽，讓社區民眾從作品設計、展示導覽及實際行動中看見你們神奇的魔法～第一個前所未見的「再現木／目光之城」特展。

任務一：第一個「重深老木屋，發現暮光」特展

任務二：第一個「重生老木屋，借鏡目光」特展

任務三：第一個「重聲老木屋，創造木光」特展

　　六年級的奐宇和夥伴們決定接下這個任務，從嘉義市文化局局長黃美賢手中接獲任務信，便展開了一連串的學習歷程：了解老木屋的歷史、實際踏查、空間測量、發想修繕方向、認識修繕過程、發想設計方向與研擬策展方向。就這樣，常常泡在老木屋中，跟著老屋一點一點的改變。

▲ 嘉義市文化局局長黃美賢頒發任務信

最終，每一組策展人都打造了一個舊監宿舍 No.19 的重生構想模型，並在舊監宿舍所長宿舍中展出，展出期間每日都有一群小策展人為觀眾導覽解說。從老師們和奐宇所提供的照片中，我們可以一窺當時活動的情景：

▲ 四次踏查：丈量空間，了解歷史與修復情形

▲ 修繕計畫主持人南華大學建築系陳正哲教授介紹修繕工法、導覽宿舍區及實際修繕過程

▲ 奐宇與同學討論設計圖

▲ 學生、老師及藝術家小衰尾研擬展區內容

▲ 奐宇導覽實驗室的思考歷程

▲「再現木／目光之城」特展

▲ 展場一隅，記錄重深、重生、重聲歷程

奐宇這一組為舊監宿舍 No.19 構想的模型名稱為「屹、義、憶」，是指屹立不搖且永恆的嘉義回憶。

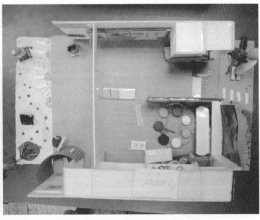

時隔六年，看起來那段設計學習的經驗，真如同奐宇的作品所期待的，成為一個屹立不搖且永恆的嘉義回憶了，因為他到現在都還記得很清楚，他們設計「日式的庭院，有橋跟欄杆，有樹，可以冬暖夏涼，下面架高，可以通風，還可以防蟲……」。

現在已經是高中三年級的奐宇，在模擬考前一天，還是答應我們的訪談邀約，因為很想跟我們分享他「國小最美好的回憶之一」。一坐下來，奐宇就熱切的告訴我們，他現在就讀語文資優班，還是時常有機會接觸他喜歡的人文社會相關議題，而他之所以會對人文社會有興趣，「就是附小六年級的那些活動給我的啟發」。

奐宇用了「啟發」這個詞，彷彿那段設計學習的經驗，是一個開關，開啟了他的興趣和學習。而這個開關，也開啟了我們今天的訪談，因為當「木／目

光之城」的話題一開，奐宇就有滿滿的感覺，滔滔不絕的侃侃而談了。

一切都是真的

　　充實飽滿的經驗和感覺，來自於這一切都是真的。文化局舊監宿舍活化是真實的議題、實際的實地踏查參與、與真正的專家一起行動、真實的模型設計結果，而且是真的提案給在地民眾與決策者……。這些真實，帶來的成就感截然不同。

▲ 奐宇著手製作模型

　　我認為「目／木光之城」，說實在就是最真實、最重要，首先它活動的時間最久，我們真的走訪到那邊，還真的去策了一個展。

　　我有點忘記南華大學教授的名字了，他是建築師，負責修建房屋。不像現在很多活動我們都沒辦法實際進去，那時候我們真的實際進去，他跟我們講解工法的不同，也有去看實際正在修築的進度。不只有去，其實我們是一步一步跟著看。

你實際上有跟同學一起，有一個成果，然後你實際真的去介紹它，這樣得到的成就感很不一樣。

對我來說，活動從沒停止

奐宇告訴我們，這幾年來他的意外發現：「許多人會認為，這樣的活動可能到那時候就停止，但是對我來說意外的沒～有～」

◆ 議題沒有停止：舊監宿舍的改變，還是現在進行式

奐宇說，國中時坐校車上學，舊監宿舍就在家裡到學校的這條路線，每天上學途中，他都會看看它，一點一點的持續變化。

每天通勤公車剛好都會經過，就是那個舊監宿舍，就是那個木光之城活動的那一塊地，然後每天就會慢慢的看它。

我記得國小參加活動時，它的路是有點閃電形，從一端看不到另一端。因為那時候（整修）只有剛起步的計畫，才剛完成一兩間吧。然後經過三年，慢慢的，慢慢的，你會看到它慢慢變化，到現在你打開 Google Maps 也可以看到，它的路已經貫穿，還有十字路。

「那邊跟檜意森活村不同！」奐宇認為，如果當初是選擇學校旁邊已經完全整修好的檜意森活村做為學習的場域，經驗一定會完全不同。他特別舉了同樣也是嘉義的日式傳統木造房屋出來對比，說明實際參與從無到有，甚至還在持續發生的歷程，經驗有多麼鮮明。

◆ 關心沒有停止：有時間就去看看它，有機會就想要探究它

奐宇還跟我們分享，他知道當初他們著手設計的 No.19，現在已經變成一個工作室了，因為他還是時常偷溜進去看看它，就從國小進行專題探究時走的後門。

現在像是我們這一間吧，它變成一個什麼工作室。然後一般人也不能進去，我那時候還偷偷溜後門，因為我還記得國小走的那個後門，我們就從那邊溜進去，才可以拍到一些文物。

語文資優班的課程常常有人文社會專案研究，只要有機會，奐宇就會連結舊監宿舍做為探究的主題，可以再去做個前後的對比。

奐宇笑著說，有一次去做高中語文資優班的研究時，還遇到就讀不同高中的國小同學，有趣的是，那位同學也是選擇舊監宿舍做為學校專題的主題，兩人不約而同來到這裡。

> 到了高中，因為語文資優班的課程 project，其中一個，因為我還記得那邊（舊監宿舍）是蠻好的主題，那一次還跟著（房舍）主人進去，因為他的介紹，有深入的了解，可以跟以前做一個對比。

> 有一次書報研究，做一個嘉義文化調查，針對觀光客，我也特別去舊監宿舍群，然後遇到我一個同學，他念民生的，他的老師也在推廣這個類型（的議題）。

即便沒有學校專題的要求，在設計學習計畫已經結束的六年後，奐宇對於舊監宿舍可以如何重生？仍在持續的想像中。

> 可能是未來展望嗎？我們後來在高中做研究的時候，有發現……其實是政策上的問題啊！……所以我們細查發現，即便是開了一個BOT案……但是它的落實上蠻難的。你好像既要把它修好，但你又不能在那邊營業……就沒辦法那麼讓在地活躍！

> 假如像有一個咖啡廳，可能人們會過去，當然目前的好處，我有看到確實有市集辦在那邊……那這個部分蠻不錯的，但 BOT 案我覺得其實應該可以開放，審查完後開放，會增加民間意願啊，然後就是這邊的完善程度了。

影響力

到底這一次設計學習的經驗，對奐宇產生了哪些影響，使得他將之列為「國小最美好的回憶之一」？從奐宇的分享中，那段深刻的「再現木／目光之城」

舊監宿舍重生計畫，帶著他接觸古文化，因而看見其中的美，開始喜歡，產生興趣，甚至開展更多在地的行動。開關開啟後，影響力逐漸擴散。

因為我後來其實蠻喜歡那些古文物之類的，就像我有用底片拍照的相機。其實這是（再現木／目光之城）最開始接觸那些比較舊時代的東西，日治時代的東西，我可以看見這些建築的美，然後慢慢的培養出興趣。

後來我們高中有做一個企劃，就是有關東市場那個「有事青年」的專案，我們做東市場，也是從這邊（再現木／目光之城）開始，我有這個興趣，才可以有更多活動的發展。

跨領域的豐沛素養

若從學習的角度來說，奧宇用了「跳脫」和「超越」這兩個詞來描述，他覺察到這是一個跨領域整合的課程，因為真實議題的探究，培養了研究的能力。

在國小，這個其實是蠻跳脫，蠻超越的。首先，我們可能要錄製影片，然後策展，又結合了美術，因為我們每一組做模型，還有內部空間設計，而我蠻喜歡做設計的，所以就蠻喜歡這個部分，然後還有實際策展，有其他學校的人，我們要向他們介紹那個地方。

開始比較吃力，後來有學到，像是各種研究方法，所以後來就慢慢變簡單。

奧宇給設計學習計畫的建議

議題：

✔ 對於那個地區是一個共同議題。

✔ 我覺得可能就是在附近，畢竟不可能太遠，然後盡量是可以簡單到達，這樣子對學業負擔也不會很重，你不可能每次需要三十分鐘的

車程，那這樣子我覺得時間又會拉比較久。

老師：

✔ 主要是要確認哪幾門課的老師會協助？然後課程究竟要用多少？畢竟也會有一些犧牲。所以你要很清楚知道，你哪些可以用，哪些不能用啊！或哪些同學他們有額外的盈餘能力，可以去額外負擔一些工作，像我就可以多幫忙做更多。

同學：

✔ 不用勉強，你真的對這個有興趣，然後又有能力，你就可以做比較多。那如果你真的沒有能力，又覺得對這個沒有興趣，可能還是盡量及早提出，對兩方都比較方便。或者可能現在有意見，覺得「哦～我沒辦法負荷」，那你卻硬撐，到最後才提出，這樣子也麻煩。

- 採訪｜黃楷茹、吳亦婕
- 撰文｜黃楷茹

第 3 章

原型的設計，
支持師生轉化參與式學習的角色

要讓參與式學習理念所期待的學習歷程和結果，在學校環境中持續有系統的發生，學習設計必須提供學習者有意識性的轉化其在學習歷程中的角色定位，以及積極整合情境條件與投入自我調適的原型化歷程。

那麼，有什麼方法可以有意識性的轉化學習角色呢？

學習研究者（Sternberg & Horvath, 1995）發現原型設計是一個穩定且有效的方式。設計思考強調設計歷程中製作原型的目的，在於透過一個具體的呈現方法，做為溝通思考的暫時性模式，藉著動手製作原型的過程讓思考更加明確，看見思維歷程就容易加速創新的歷程（Brown, 2008）。

#原型是不完美且可不斷精進的彈性思維模型

回應不確定、變動中的社會情境與領域知識的變革，不同世代的專家能力與素養因著時代需求不斷演化中，原型觀點（Sternberg & Horvath, 1995）強調學習者必須將理論或專家知識視為學習目標的原型，而不是必要充分且完美的特質，才能利於知識與實踐的整合。

把專家知識當成原型，做為設計合理的學習標準與方向，而不是標準化的結果，將可提供學習者一種思考、重新整合知識與實踐的方式，它包含領域性的標準，但也強調每個人的獨特性與可變性，有助於提供新手發展各自的獨特性。更重要的是，原型指的是一個粗糙的思維模型（Nieveen, 1999），可以促進學習者在安全的心理情境下，嘗試錯誤與修正，建構新的組織與學習的思維模式。

#原型是自己與他人間相輔相成的暫時性橋梁

人類的思維結構轉化從來不會即刻完成，通常是在既有概念和學習情境中

與非慣習的訊息之間，持續互動中湧現，新概念系統的建構只能根植於既有概念系統，同時對這個既有概念進行解構。換句話說，改變或轉化是一個概念重構的歷程，必須新的和舊的認知系統協同進行，促發深刻的轉化，否則會造成兩條並存的平行線；或者因新舊張力過小或過大，而造成捨棄一條線的同化歷程或刻板化歷程。

學習中充滿悖論，只有學習者可以借助自身特有的思維模式組織進行學習，沒有任何人能取而代之；然而，沒有他人／新知的仲介，任何人不可能自發接觸到可讓其概念發生轉化的因素。

也就是說，學習得靠自己又不能僅靠自己，學習得依賴他人與新知的仲介，卻又不能僅靠仲介，兩者必須相輔相成，原型的製作提供了這個同時性歷程的暫時性橋梁。

原型提供個人創設連結、產生創造性產出的持續試探性空間

學習的轉化要經過各種條件間彼此建立關聯、相互作用的一系列過程，學習者在多元條件的對質、觀察與實驗階段、調用各環節關係的改變歷程，必須具體被看見，方能加以豐富或發現其中的局限性、適當性與可操作性。

原型不斷迭代的歷程中，可以幫助學習者在短時間內，逐漸掌握多元條件間的關係，以及自己在問題情境中的能動性。因此，原型的適當使用，在於提供一個學習的情境，持續激發學習者去把自己的經驗與知識、問題情境連結的空間，促發知識的對質、再形成和調和，經過這個歷程，提升學習者去理解、去探索的欲望，可煉製出持久且不斷更新的學習意義。

原型是建構新系統的統合性基模與時機

有效的學習是建立在學習者所掌握的基礎與方法之上，涉及自我建構。建構一定伴隨一個解構的階段，不能將解構視為事先進行的步驟，因為解構舊觀點或知識，依靠的就是煉製新知識與觀點的歷程，也就是知識的重構涉及觀點與實踐的再生利用，教學與學習，以及概念與動機。學科間各領域的知識是相互解釋的，更重要的是相互依賴的統合歷程，而且需要知道在情境中的效用，成為一個新的連結系統，否則學習會徒勞無功。

要讓學習者善用原型建立一個新的連結系統，設計者必須考量用什麼方式

提供知識以及多元訊息或經驗。先給什麼？不給什麼？怎樣的順序才適合？這些是參與式學習設計最容易被忽略也是最挑戰的部分。以為只要學習者參與，條件訊息多元，有些學習就可以發生，而忽略了統合的問題意識與統合的時機。

　　原型化歷程會讓學習者意識到個人知識的局限性，或者知識與現實之間的差距，是統合的重要意識，但是這個歷程發生的時機，會影響學習者參與投入度與能動性。原型化歷程，必須在概念教學或釐清既有知識基礎的錯誤之前，方能避免對既有基礎或錯誤認知的強化，或者流失投入的動力。

第 4 章
學習的原型設計，協力同行

　　每項教育的改變或資源的挹注，對學生的學習都是可貴的，但是任何教學或學習上的改變都不是立即可得，才會有所謂教育是百年樹人的志業。課堂的學習非常複雜，教學更是複合的歷程，建構一個設計學習的支持系統，必須與目標緊密結合，而改變的目標則必須貼近學習的需求，才能在既有學校系統中具可行性，而且永續。

　　如何把資源轉化為改變的力量，與既有的學校生活背景連結起來，讓改變持續發揮作用，避免流於形式，就成為促發課堂教與學創新的重要考量，這之間最大挑戰是平衡教師日常的教學生活與預期改變目標的落差。如何以原型設計支持教師轉型為學習設計者，整合理論的目標與實務需求的原型化歷程，實踐參與式學習的理念？怎樣的工具或支持方式可以讓教師轉化角色的過程更有意識性，更易實現？

　　我們從改變的原點出發，支持教師成為學習的設計師。

◆ ◆ ◆

　　英國布萊頓大學學習理論的教授艾弗・古德森（Ivor F. Goodson）發現，在一個價值多元且各種思維互相衝撞的世代，教育改革之聲越積極的地方，學校越容易變成學習的荒蕪之地（Goodson, 2003）。就如為了推動素養導向教育理念，大力向學校倡導／要求素養導向或實踐力行的理念、教學方式往往蒼白乏力，除非素養導向是教改推動者與教師合作學習與做事的方式。

　　支持教師有意識的運用與發揮參與式學習的理念設計學習，參與式學習就必須成為我們與教師合作學習的方式。每個學校的情境脈絡都是獨特的，每位教師的興趣、專長和對學生學習或問題關切的焦點都不同，基於參與式學習的合作模式，廣達設計學習計畫以支持教師成為學習的設計師為目標，從三個方向為教師設計整合參與式學習理論與學校情境需求的原型化歷程，讓教師更有

意識性的轉化，更容易看見學生學習的改變：

1. 以社會議題架起知識內容與生活連結的學習橋梁，有目的性的支持師生跨出校園，整合在地的資源。

2. 以設計本位學習（Design-Based Learning，DBL）做為學習設計的原型工具，支持教師有意識的引導學生自主學習與創造性產出，有效看見改變的歷程與結果。

3. 以協力合作做為參與式學習理論與實踐間擇宜的調節空間，支持學校團隊／教師在參與設計學習的歷程中，展現獨特的設計創意，並在社群中逐漸成為教學實踐的同儕教練。

◆ ◆ ◆

廣達設計學習計畫提供教師以三個方向做為參與式學習設計連結的著力點，進行理論與實務間的原型化歷程，三個方向環環相扣，相互促進，彼此強化，只要轉動其中一個方向，就能形成正向的循環。以下簡述三個方向的重點：

＃以社會議題架起知識內容與生活連結的學習橋梁

簡單來說，就是以社會生活的議題，整合生活真實性與學習內容，支持師生跨出校園與生活連結。

鼓勵教師連結學習知識內容與生活經驗的關係，需要支持教師掌握社會生活情境的複雜與真實性，將其轉化設計為知識與生活經驗連結的橋梁，這個橋梁是一個容易拆解、容易被替代的暫時性木橋。

如前述，參與式學習強調真實生活情境具有的不確定性及特質，真實生活情境與問題通常是兩難的，沒有標準答案的，解決方法通常是條件性的，需要的知識是複雜的，錯誤是正常的，調整修正是必須的，協調與溝通是必要的，尤其生活的真實性在於每一個行動都需要多元知識的整合，牽涉選擇的後果，都具價值取向。因此，知識與生活經驗連結的橋梁是由條件性、不確定性與知識多元複合性等真實性所構成。

基於上述理念，設計學習計畫每年提出一個共同關切的社會議題，例如高齡社會、韌性家園等，但基於每個學校與其社區生活都有獨特的互動關係，學校與在地的資源各自不同，每個學校教師面對學生學習也都有各自的問題與挑戰，因此，鼓勵教師團隊在共同關切的議題中，設計需要學生解決的問題情境。

#以 DBL 做為教師設計學習的任務原型

當我們試圖在學校教育與日常生活之間建立直接關係時，必須設計一種學習歷程，允許學習者利用必要的智能工具，超越生活現實的表面與自身的經驗，否則學習會淺碟化（Dewey, 1938; Vygotsky, 1978）。理解學校情境中教師面對改變的需求，學生生活經驗不足，問題解決技能不足，各種資訊和技術使用的技能不熟練狀況下，教師需要調節自身教學以及重新看待學生學習的調節工具與空間。

任務導向學習是一個普遍使用的設計工具，為了鼓勵學生發揮創意，教師設計任務傾向於開放性的主題，把任務視為引起學生動機，而不是引導學習的情境脈絡，忽略情境脈絡的條件與規格，是任務導向學習的任務之所以可以連結知識與生活的關鍵。任務導向學習的任務不但需要精心設計，而且需要適當使用，方能有效改變學習（Dewey, 1938）。

為了讓教師更有意識的善用逆向設計與設計思考的原型歷程，引導與支持學生連結知識與生活，進而有獨特的創造性產出，美國加州大學洛杉磯分校（UCLA）教授朵琳・尼爾森（Doreen Nelson）以杜威實驗探究精神為基礎，與團隊研發的設計本位學習模式（Nelson, 2022），是廣達設計學習計畫提供教師轉化為學習設計師的設計工具之一。

DBL 詳細的理念基礎與步驟請參閱本書第 7 章和第 8 章。除了 DBL 的設計模式，體認臺灣學生被作業與成績制約的評量與同儕關係，為利教師與學生的轉化，廣達設計學習計畫同時邀請學校校長成為學習任務的委託者，用全校性與社區性的展覽，支持師生有意識的、自主發揮獨特的創意，提供師生持續從不同方式與角度看到學習改變。更重要的是，提供師生共同合作學習的機會。

#協力合作促發理論與實踐間的擇宜行動

杜威說：「不能因為傳統教育的教學計畫與方案沿用過去的例行公事，就意味著進步的教育就是一種無計畫的即興創作。」（Dewey, 1938）就杜威而言，任何一個教學策略或方法都是好的，重點是適當的使用。

所謂「適當的使用」，牽涉的不僅是教學模式本身而已，而是與之相關教育的目的、方法與歷程、學習的信念以及結果的期待等信念系統，涉及教師教

學實踐擇宜的專業判斷與藝術（Schwab, 1971）。幫助教師適當地理解新的模式，運用他們的專業經驗與知識，解決參與式學習設計中的問題，必須提供教師重新檢視形塑我們課堂學習文化的機會與可能性。

每位教師都有自己在教學上在乎與期待發生的事情，也都有自己對課堂教學如何運作的邏輯，這個運作邏輯會排斥或改變不能引起共鳴的所有訊息，也會擴大所有與之共鳴的訊息，建構也同時解構的歷程，需要有志同道合的夥伴同行。

鼓勵教師跨專業合作，設計學習計畫以暑假工作坊做為學校多元專長教師整合形塑團隊意識的基礎，運用期中與期末做跨校實踐經驗的交流，尤其邀請經歷兩年或三年以上，掌握參與式學習且有獨特心法的教師，擔任同儕教練，讓每位參與的教師在不同的參與階段，有意識性轉化理論與實踐的經驗，展現獨特的設計創意。

謝謝以前的自己，因為我還是願意去改變

訪談過程中，品欣對於設計學習的記憶片段，多是內向害羞的她被要求上台表達想法時，緊張焦慮到甚至想逃走的畫面。但在訪談最後，我請她給這段經驗一個註解時，品欣說現在回想起來「變謝謝以前的自己，因為我還是願意去改變」，跳脫舒適圈的學習，讓她變得不一樣。

黃品欣

設計學習學校 嘉義縣柳林國小
設計學習經驗 104 學年「『光』臨柳林」（小六）
受訪就讀學校 國立雲林科技大學視覺傳達設計系二年級

104 學年度，是柳林國小團隊參與設計學習計畫的第一年，是柳林國小創校的 75 週年，也是品欣在小學階段的最後一年。在這個時間點，身為柳林國小最高年級的品欣和同學們，受邀成為光影魔法師，要一同發現 75 年來的柳林之光。這個重要的任務，由校長親自交付。

> 嗨！各位光影魔法師：
>
> 　　柳林國小 75 歲生日即將到來，請你為柳林國小 75 週年校慶，策畫一個前所未見的「『光』臨柳林」特展。希望小朋友抓住片刻的瞬間成為柳林大家庭永恆的回憶，重溫柳林國小 75 年來的歲月軌跡，讓我們施展光影魔法走入時光隧道，抓住瞬間的永恆，發現柳林之光；穿透黑暗，勇於突破困境，掌握光的力量，成為柳林之光；在生活中散發愛的光輝，分享柳林「光常在」的真諦。
>
> 任務一：柳林事光常在攝影展
> 任務二：柳林人光常在射影展
> 任務三：柳林愛光常在微電影展

尋光的過程中，身為光影魔法師的品欣與同學們，先動員了全校師生及家長，蒐集柳林國小的老照片，策畫一個攝影展，用照片說故事，帶領大家走進「時光隧道」（任務一）；再者，邀請幾位柳林國小的傑出校友進行訪談，並將他們的成長故事轉化成立體光影作品，策畫一個「射」影展，以理解他們是如何穿透黑暗，進而成為「柳林之光」（任務二）；最後，光影魔法師們帶著相機，穿梭在校園中，拍下柳林國小的精采瞬間，集結成一個微電影展，呈現出柳林的「漫遊時光」（任務三）。

　　表面上安靜、不太說話的品欣，其實非常善於以圖文書寫的方式來思考，在她的「點子筆記本」裡，一頁頁詳細記錄了設計學習的點點滴滴，以及她對於這些學習經驗的所思所想。

▲（左）柳林事光常在攝影展；（右）點子筆記本 1：蒐集校園老照片的心得

▲ 訪談傑出校友史博偉

▲ 訪談傑出校友黃金龍、羅淑齡

訪問心得

　　在開學第一天，我們的校友——史博偉，博偉學長他是個多才多藝的人，但這些才藝都是他拼出來的。

　　訪問過程中，他也會告訴我們關於他的身世背景，而且，他的歌喉好得沒話說，他一開口，就震驚了我們的耳朵，簡直美若天仙，令人不禁也想跟著一起唱，老師放給我們看他表演的影片，真的好精彩，這時才了解，他的努力用許多的汗水換來的成果，並不是不勞而獲的，學長是花了好幾年的心思，費了千辛萬苦，才得到他所想要的一切。

　　區區一個臺灣人，要踏上美國百老匯，是非容易難的，可是，他卻是一拼再拼，才登上的，一般人是很難做到的，可是他那不屈不撓的向前進，最後，他提升了自己在歌仔劇裡的崇高地位。大受眾人喜愛、大受好評，見到他本人的演出，可說是我們三生有幸呢！

▲ 點子筆記本 2：訪談傑出校友心得

　　在點子筆記本當中，品欣會用圖畫和文字記錄課程所學，例如，點子筆記本 3 是品欣在參與博物館「聲音律動」策展學習體驗後，圖解策展思維的步驟，從聆賞作品、分類歸納、統整架構、拉故事線，到最後布置展場，逐一用簡筆

畫來呈現。

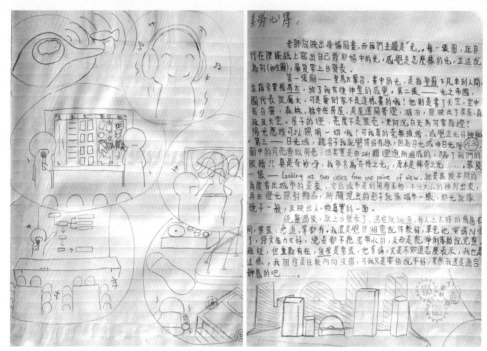

▲（左）點子筆記本 3：博物館「聲音律動」策展學習；（右）點子筆記本 4：以「光」的大師作品學習策展

　　除了做為學習筆記外，品欣的點子筆記本裡面，還有她學習過程的情緒起伏、反思和對學習的體悟。例如點子筆記本 4，品欣寫下在統整每件大師作品「光」的概念後，到了她最焦慮的上台發表環節的心情和觀察體悟：

> 統整過後，就上台發表了。過程就跳過，每個人上去的情態不同，
> 緊張、急迫的都有。我還是覺得小小湘說得較好，畢竟她演講 N
> 次了，語文能力又好，總是不拖泥帶水，反而是乾淨利落的說完整，
> 雖短，但重點有在。小俊是緊張，他會講，只是不知道怎麼表示。
> 我也是這樣。我個性是比較內向沒錯，可我只是害怕說不好，果然
> 我還是適合靜態的吧……。

　　而下面這一段摘錄自品欣將校園老照片串成故事線時，在點子筆記本寫下

的內容，可以看到品欣內心的小劇場，和獨特的幽默感：

電腦課上的是有關於校園的照片，從中挑選 9 張編成一個故事，老師都有給我們看範例……原本想「好難喔，不可能的啦，而且好煩喔，為何要做這個」，今天做了才發現，do it now，做就對了，只要上課手動、腦動就好。

創意是無限的，可時間是有限的，被老師一直趕，說真的我有點不舒服……。不想一直聽老師「念經」啊，所以我一直想趕快完成故事的草稿。……不過還是乖乖上課比較正確，不然下次念的可能不是「經」，而是「大悲咒」了。（悲不是老師悲，而是我們悲呀～）

———— ◆ ◆ ◆ ————

時隔八年，就讀視傳系二年級的品欣，生活相當充實忙碌，趁著下課和打工中間的空檔，跟我們約在學校旁邊一個咖啡廳，談著她「有點懷念，但又不會那麼懷念」的學習經驗。也是在長大後，走上設計專業的她才發現，「以前廣達就只是以後（設計）專題的縮影而已」。

不在舒適圈的學習經驗

品欣自認為是過去傳統教育下的乖學生，面對充滿不確定性的設計學習，常常等不到老師告訴自己要怎麼做，又被要求提出想法和產出作品，那種緊張情緒和壓迫的感覺，到現在她都還記得。

我那時候就是在一種……有一種壓迫的感覺，就是很急很急怎麼辦？我想要趕快生出一個什麼結果，有時候老師會催一下，然後就會壓力很大很緊張。

◆「開始行動！」怎麼動？

第一個緊張時刻，發生在老師宣布「開始行動！」後。設計學習通常在老師宣布任務與說明規準後，就要學生開始行動了。但沒有等到老師說「怎麼做」的指示，讓品欣有點不知所措。

老師在台上要我們去想，可以怎麼樣呈現？要做什麼樣形式？然後打算蒐集哪些主題？我就在台下聽得一愣一愣的，完全不知道怎麼做。後來老師說「好！開始行動」的時候，看各組都在行動，我說「那我們現在要幹嘛」，很茫然，後來是聽同學講，才知道怎麼做。

◆ 如果我講錯了，怎麼辦？

第二個緊張時刻，是在每個發想的段落後，老師會邀請大家分享自己目前的想法，品欣很擔心自己說的不是正確答案，不是老師要的答案。

我們應該就是大家都各自寫便利貼，就是自己的想法，那種類似集思廣益的，然後就是老師給我們個時間，時間到了之後，要我們講自己寫的什麼，然後那時候就很ㄘㄨㄚˋ，因為我不敢講……我怕我講的不是正確答案。

因為那時候我們還在九九課綱，所以就是會有一種習慣說，如果我講錯了怎麼辦？如果這個不是老師要的答案怎麼辦？然後就在那邊ㄘㄨㄚˋ哩等，很害怕……輪到我講的時候，我也是整個聲音都在抖，然後還是硬著頭皮把它講完。

◆ 我只是個小女孩，怎麼可能做到……？

第三個緊張的時刻，是在作品展出時，要為家長、校外人士和學弟妹導覽。品欣覺得那些都是「大人物」，而她只是個「小女孩」，怎麼可能做得到。

我們還要負責輪流去導覽給家長還是校外人士還是學弟妹這樣。那時候也是很ㄘㄨㄚˋ，光是在校內跟同學這樣報告，我就已經覺

得很緊張了，我已經快不行了，然後我現在還要講給校外的人聽，覺得我只是個 11、12 歲的小女孩，你怎麼可以這樣對我。

從零到一，真的很難

◆ 自己發現與實踐，先有一，才有可能延伸

現在再回頭看設計學習的經驗，品欣似乎理解了，這樣的學習方式，就是自己「發現與實踐」歷程，品欣說「雖然有別人教，可是到頭來主要還是要靠我們自己去發想，自己去實踐」。雖然品欣現在還是覺得從「零」到「一」，真的很難，可是她也發現，有了「一」的原型，才會有後續更多發想與精緻創造的可能，這段煎熬是必要的。

從零到一的這個過程是真的很難，尤其像現在讀設計也是一樣，就是每次老師要我們做一個新的作業，然後我們都要自己去發想，然後那個發想就是從一個零要變成一的那個過程最煎熬。因為要從變成一之後，你就可以開始慢慢去延伸，去經歷它。

◆ 刻意練習

幸好品欣不是個輕言放棄的人，她認為自己是「會因為一件事情很累，很想要放棄，可是我最後還是會走到最後」。因為這樣的學習與過去的習慣太不相同，不太可能自然而然，品欣靠著老師的密集訓練和要求，以及自己的刻意練習，改變習慣，讓自己變得不一樣。

老師也知道我就是非常內向，然後她就是一直很鼓勵我要多講話，然後我內心一直在吶喊「老師不要逼我」。

老師她的教學方案就是希望我們可以勇敢講出來，然後我就是那種死都不講，就是被老師訓練到後面，後面才開始敢講。

我一定都會在腦中 run 好幾次，我想說等一下可以怎麼講，等一下要講什麼，就像在背稿的那種感覺。因為如果不用這種方式的話，

我等一下就會腦袋放空，然後我就完全忘記了，我現在在哪裡？我在幹嘛？

哦！我好像長大了

可能是經歷了痛苦煎熬的歷程，所以當真的做到的時候，反而會有一種與過往不同的暢快與成就感。品欣形容，每次從「要輪到我了，要輪到我了，下一個就是我。然後那個高壓、緊張之後，講完就瞬間放鬆」，是一種非常舒坦的感覺。尤其在成為專業「導覽員」後，品欣就意識到自己長大了，自己不再只是個 11、12 歲的小女孩。

因為就是要講給校外人士聽，主要就是要介紹那個展在幹嘛，所以我現在不是一個學生，我是一個導覽員，然後我要講給其他人聽，甚至是年紀比我大的人，然後就會覺得「哦！我好像長大了」。

很喜歡品欣用「長大」來形容這個經驗，我想，品欣所謂的長大，也是對於「學習」有了新的理解。

◆ 主動的學習者

從品欣的話語可以得知，她認為設計學習與過往的學習不同之處，在於學習的主動性。

不一樣的地方在我們平常的教育，都是老師在開場講課，然後我們就是聽，可能抄筆記，一節課就這樣過去。可是這個（設計學習）比較不一樣的，就是讓我們可以有自己的想法，然後踴躍發言。

◆ 自己的想法，沒有對錯

從過去認為學習一定有標準答案，害怕做錯，到現在品欣也認知到，每個人都可以有自己的想法，哪來對錯？

對我來說，從一個不敢站在眾人面前，不敢上台報告的小女孩，然後開始會對於上台報告這種事，不會那麼害怕，「我講錯了有沒

有？沒有！」因為這就是我的事。

◆ **自己做的，更有成就感**

而這樣主動的學習、自主的建構，所獲得的學習成就感，也與過往的學習很不一樣。

一般的學習可能會有成就感，你只是回去把老師講過的再複習，然後可能考試記熟了，考出來的成績都很好，很高什麼的，可能就是這樣的成就感。但是如果像這種（設計學習）的成就感的話，是因為你什麼都是自己來自己做，所以你就是收穫很多，然後得到的也很多。

謝謝以前的自己，因為我還是願意去改變

最後我問品欣，雖然中間過程有點煎熬，但整體看來是個好的結束，充實的學習經驗，應該很懷念這段歷程吧？品欣笑著說「就是會……有點懷念……但又不會那麼懷念」，不過若為這段歷程下個註解，品欣還是覺得「蠻謝謝以前的自己，因為我還是願意去改變」，改變，是最美好的事情。

品欣給設計學習計畫的建議

議題：
✔ 我覺得（設計學習計畫）蠻好的，不會讓學生就是悶在學校，參與很多體驗的活動……去看展覽，……這個平常在鄉下小地方的國小根本看不到，可以去看看走走，我覺得蠻好的。

老師：
✔【點子筆記本】讓學生不要把這個當作是一項作業，就是寫自己想寫的，不像那種寫作文，還是寫那種讀書心得……。
✔【上台發表】發言可以是一種鼓勵，但不要是一種強迫。
✔【團隊合作】每個人都可以發揮所長，有些人不知道他擅長什麼，可以挖掘出他們自己擅長的是什麼。

同學：

✔ 每個被這個計畫選中的孩子，將來一定會找到自己的歸屬點。心態也很重要！

✔ 可以先聽別人的，參考別人的。

✔ 雖然聽起來很複雜，但其實也就是把你想到的東西都寫下來，然後不要害怕你做得不好，其實沒有人會說你有沒有做錯！

· 採訪｜黃楷茹、廖靜如、吳亦婕

· 撰文｜黃楷茹

第 5 章

原型的 1/2 魔法，
看見 NBS 的學習魅力

我們普遍同意教學的過程或多或少會對學生有潛移默化的影響，設計學習的目的，在讓我們期待的學習結果可以有機的、持續性的發生，而不是偶然隨機的發生。

教師在設計學習上的改變，得以有效帶動學生學習實質上的改變，能夠被看見與理解，才能促進教師持續投入改變的歷程，學校學習才能有機的、持續且有系統的發生。每年臺灣都有大約十八所南北學校教師團隊勇敢接下了廣達設計學習計畫的英雄帖，第一次參與計畫的教師在開始時，通常都會憂心忡忡的問：

忙碌的老師，如何在學校滿載的課表中，擠出時間合作設計學習？

忙碌的學生，如何在學校滿載的作業堆中，擠出時間創作作品？

忙碌的師生，如何在學校滿載的活動中，完成設計學習的任務？

——— ◆ ◆ ◆ ———

面對這些疑慮，的確有些老師是用研習觀光旅遊的心態來參與體驗；有些老師參與體驗後，抗拒參與式學習的思維模式；有些老師願意繼續試試看；有些老師看到學生課堂學習的改變，持續投入。

十年的合作歷程中，發現持續參與超過三年的團隊或教師，師生／同儕關係轉為學習夥伴關係，教師意識自己教學的改變與學生學習的關聯性，轉動課堂學習的文化，創造了更多教與學的可能性，看到改變的教師用「魔法」形容這個歷程。

一些教師對社會議題特別有見解，一些教師對 DBL 做為設計學習的原型有獨到的掌握，有的教師擅長帶領團隊合作對話，他們已各自在學校情境中演化出多元且獨特的歷程與心法，尤其教師在教學實踐經驗中，看見學生展現出不同的學習歷程與結果，會再次運用這個原型化歷程持續實踐，調整與改變自己

對學習的觀點，各自創造出前所未見的設計學習方案。

　　篇幅有限，以下從新手與老手兩個方向分析教師參與設計學習的經驗與其獨特的創造性產出。

新手教師蝴蝶翩翩漫舞的經驗

　　第一次玩策展任務的垂楊國小可珍老師說：「看學生操作皮影戲的照片，每個孩子都是笑臉，這個課程對他們來說是一個『享受』！」柳林國小佩軒老師說：「當學生一直修一直修，我很擔心學生會放棄，但學生卻說『這樣越來越靠近自己的理想』！」嘉大附小詠絜老師則是強調：「任務信有神奇的魔力，孩子覺得自己如果沒做好，會砸了自己的招牌，當時間越來越緊迫，學生會越來越會追老師！任務讓學生更主動，更積極，『後勁很強』！」

　　很多學生勇敢分享：「不用問老師，可以自己學習，可以和同學討論。不需要老師了！」原本很畏縮的學生在作文裡寫到：「我們參加廣達設計學習計畫，讓學生自己學習，剛開始時我都覺得很難，但隨著時間緊迫，要把東西做出來，令人不敢相信，我自己居然可以做得到了，它使我的信心及勇氣增加很多！」參與計畫的教師分析，每位學生因為深入的參與，對策展內容都很熟悉，導覽的稿子是自己寫的，對展場中的作品都能講得頭頭是道，老師不用過多指導，學生變得很有自信，也很能發表。很多學生因為了解，講得很開心，欲罷不能。

◆ ◆ ◆

　　面對學習動機低落的學生，沒有一位教師不頭痛，而看到學生自動積極的學習，每位教師都如獲至寶。在活動過程中，看到學生主動積極展現自己，發揮創意完成任務，教師對自己的教學更有成就與信心。這些成就與改變得來不易，每位教師都說「歷程很辛苦」、「下標題的過程，讓學生很辛苦」，但是「看到孩子的成長就覺得很感動」。

　　尤其學生非常珍惜學習的歷程，「自己的藝術筆記本是很珍貴的」。「這些辛苦的成果，來自團隊老師們的相互支持，有困難的時候大家互相聊一聊」，設計學習的方案讓教師勇敢發揮創意，「讓不容易合作在一起的老師合作在一起了！藝文、語文、自然科技結合在一起」、「從一開始的模糊不

清 - 清楚 - 享受，我們發現孩子的眼神不一樣，更顯現出老師的專業！（垂楊）」

——— ◆ ◆ ◆ ———

充滿升學壓力的國中階段可以玩嗎？

漳和國中歷史素惠老師說：「一直以為在老師的指導下，隨便都嘛有水準之上的作品，但是設計學習的策展，著重在學生集體創意發想、創思創作，因此中間卡了好長一段時間，再加上國中生的授課時間與行政工作的壓力，著實讓人擔心不已。還好孩子們在最後開竅了（無法理解到底是怎麼開竅的，連成績也突然考好，尤其上課氛圍突然也滿足了老師的需求，真是令人百思不解）。然後是最初的主題『恆、生、變』，在最後也莫名的契合了，也許主題一直深藏在我們的心中，所以最後又回來了，也代表我們團隊真的很有默契。」

這些莫名的契合，是師生在 DBL 任務學習空間中激盪的火花。學習不再是線性的控制結果，為了完成任務，師生樂於掌握意料之外的機會，理解凸槌和不確定是學習的自然歷程，而不是需要控制的問題。老師們會體驗到課堂的學習與思考的歷程，比較像是蝴蝶翩翩漫舞，而不是子彈直飛的歷程。

老手教師以 DBL 為原型改變學習的文化

參與設計學習計畫，學校團隊教師想要取得怎樣的成效、他們如何組織與思考設計學習、他們對自己的設計與學生學習的關係，以及學生學習的改變敏銳度有何變化，都源自於每位老師與學校團隊教師想要藉由這個計畫對學生學習期待收到怎樣的成效，尤其想要解決校內學生學習的那些狀況，或者想改變教學的那些現象。

每位老師與團隊教師參與計畫之前，都有自身組織與思考教學的方式或模式，他們對於課堂學習的期待都不會被課本、學校架構所限，尤其經驗豐富、自我要求的老師，除了關心特定的教學目標、學生的學習狀況，他們還關心自己表現的風格品質。

設計學習計畫，透過原型化設計的歷程，尋求的是保留和更彰顯每位老師個人教學藝術的風格，而不是去取代。從自身經驗與學校情境需求的基礎著手，

藉由參與設計學習的計畫，看見設計學習計畫中老手教師三類型的創造性設計：

1. 有些教師團隊擅長運用在地資源與田野調查的方式，在社會情境中架起生活經驗與學習的橋梁，培養社會實踐家的使命感，例如嘉大附小、仁美。

2. 有些教師團隊擅長運用 DBL 的結構，有設計性支持學生建構原型，整合多元資訊與學科知識，例如興隆、康樂、光復國小。

3. 有些教師團隊擅長運用原型化的歷程／筆記書的記錄，幫助學生有效獲取和運用他們的先驗知識，累積經驗與問題情境的連結，掌握社會議題的核心問題，例如美林、柳林國小。

這些積極投入設計學習的教師團隊或教師，多半在三年的學習經驗後掌握參與式學習理念的力量，整合學校中教師的多元專長與認同，合力投入參與式學習的實踐，形成校本課程或該校教師團隊實踐參與式學習的夥伴，在學校中逐步發揮學習領導的魅力，也成為計畫中的同儕教練。

以上相關學校課程分析請見第 9 章到第 12 章，以及廣達文教基金會設計學習計畫網頁。

學生參與設計學習經驗的理解與實踐

參與式學習想要培養怎樣的學習者，期待看到學習者有怎樣的改變？如果把學校比喻為花園，控制性的學習觀點，期待學校是特殊品種的玫瑰園，只有某些達到特定標準的玫瑰，才是成功有效益的結果，其餘會在歷程中被淘汰，或者分類為次等的品種。

而參與式學習則期待百花齊放，培育發展為多樣性的花園，每一種花、每一朵玫瑰都有其位置，每一種植物在花園中互相效力，即使不開花的小草也是園內重要的一部分。從穿插在第一部的四篇訪談學生案例，我們可以看見學生對參與設計學習計畫的經驗分享，儘管他們對設計學習的經驗與理解都不一樣，歸納其參與設計學習的經驗主要有三個重要方向：

#從學生轉化為學習者，理解自我可能性的學習

學生和學習者是兩種不同的角色認同，參與式學習對學生最大的挑戰是當學生把自己視為學生時，往往被動等待教師的教學以及答案，如何幫助學生跨

出習以為常的學習習慣和追求明確性的思維習慣呢？

　　從四位受訪學生的經驗分享中可以發現，任務的挑戰性與目的性，讓學生重新定位自己在學習中的角色，學習的結果是學生自己的招牌，教師已經不再是監督、檢查、控制者，教室也不再只是教室，而是思想的實驗室，是點子的發想站。

　　教師和學生共同合作，接受任務的挑戰，辛苦的策展歷程，激發學習的熱情與個人的獨特性，結合每個學校與社區生活的殊異性，學生發揮團隊創意，促發為任務目標而努力的自主學習歷程。

　　學生在任務中分享個人知識和生活經驗，發現自己自主的能動性，當然更重要的是願意從錯誤中吸取教訓，對任務有責任感，理解自己所需付出的努力與風險。另外，學生在計畫中擁有判斷的自由，但也是一種責任，讓他們能真切理解自主與自由的意義，發展主動性、獨立性和富責任感的積極素養，而不濫用自由的意識。

#知識是情境性的推理歷程與結果，理解知識建構的多元可能性

　　一般學科知識的學習重視分析性思維，傾向明確的推理邏輯，判斷決策的前提是資訊要先「完整取得」，但這種狀況在生活實務上不太可能，生活上所做決策往往是建構在非完整的資訊中，依靠的是「有限理性」，在處理過程有限的資訊及情境給予的條件限制下，我們的選擇往往是「滿意」，而非「最佳」的決定。當資訊取得更多元，情境改變，之前的決策將無法「滿足」這些條件，勢必需要重新調整。

　　前任美國卡羅萊納海岸大學（Coastal Carolina University）校長大衛・德森佐（David A. DeCenzo）在與管理學者史蒂芬・羅賓斯（Stephen P. Robbins）等人合著的書中解釋：「有限理性就是建立一個簡單的模型，從問題中萃取出重要特性，而不抓住所有複雜的事項。」（DeCenzo et al., 2016）

　　鼓勵原型嘗試或原型化的歷程，就是鼓勵這種知識在情境中不斷實驗、修正的探索歷程。就如第二章後面的學生案例，受訪時已經是高三生的奐宇，在訪談中說設計學習是「能跨出專案的一整個學習」，他真切的體悟知識是一種合理的認識原則，一種適當性的判斷，依靠情境條件與整體化的合理性判斷而增長，不是依靠精確化、形式化、抽象化而發展的。

#認識人類社會生活的複雜性與不確定性

由於任務的設計來自社會生活的議題，每個學校所設計的任務都會跨越學科領域知識的界線，學生得以在任務中真切理解要解決社會生活上的每個問題、事件，都需要某種程度的知識多元性以及結果的不確定性。

完成設計的歷程需要囊括更多凸顯的因素，考慮多方面間接的條件，尤其必須將每個條件或因素放在整個情境脈絡中考慮，由於複雜度高，沒有標準答案，費盡周折也要推陳出新，學習因此更有動力。

杜威在他所寫的《明日學校》中強調，解決社會問題，回應未來挑戰的根本目標，是每個人可以依自己的能力和天賦，運用在人際溝通上、生活問題情境上做出明智選擇，不是僅僅只是適應社會生活，而是可以更明智的生活（live intelligently）。

參與式學習改變學習，不是改變一個課堂而已，而是教師和學生在學校的學習生活與文化，最重要的是改變學習者（教師和學生）對自己的期待、彼此溝通使用的語言性質、提供的學習機會、例行學習規律、互動歷程的品質，以及追求的卓越典範等，都會隨之改變，也就是前述布魯納所謂社群文化，一種「智能的演練方式」。（Bruner, 1996）

〔學生案例❹〕**這個舞台，讓我認識不一樣的自己**

　　在整個訪談過程中，愷妤多次提到很喜歡設計學習計畫，提供了真實的「舞台」，讓她有機會可以表現，且在這個過程中「認識到不同的自己」，甚至愷妤認為，設計學習計畫是「讓我成為現在的自己，最重要的轉折點」。

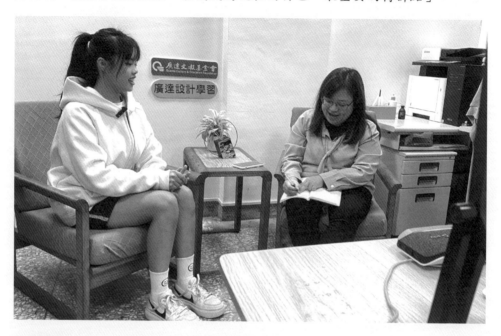

魏愷妤

〔設計學習學校〕嘉義縣柳林國小
〔設計學習經驗〕108 學年「2030 年『健』入佳境」（小六）
〔受訪就讀學校〕崇仁醫護管理專科學校護理科一年級

　　2019 年，柳林的學生在進行社區踏查時，看到了一個衝突的畫面：在鄉長設立的「不要再亂丟垃圾了」警告牌下，竟然堆了好幾包棄置的垃圾。這個景象讓柳林師生心中納悶不已，「社區居民為什麼可以忍受這樣不健康的環境？」於是決定化身為小小藝術家，從「健康」的角度策畫一場前所未見的裝置藝術展覽，讓柳林的師生、家長、社區居民看到藝術家們心目中「2030 年的『健』入佳境」。

之後，一群小小藝術家再次走入社區實地察看，蒐集在地垃圾的資訊，舉辦「用照片說故事攝影展」，反思社區居民的生活形態（任務一）；接著藝術家們轉換視角，從垃圾的角度創作童詩，吟唱垃圾的過去、現在和未來，反思社區環境的健康程度（任務二）；最後，從大家眼中的垃圾來發想，創作並策畫「裝置藝術展」，以藝術發聲，唱出心目中 2030 年健康的社區環境，喚起柳林人的公民意識，展開行動，使柳林社區生活「健入佳境」（任務三）。

小小藝術家愷妤和夥伴共同創作的作品為「毒塑彈」，她們用廢棄的瓶蓋貼在廢棄足球上，再用噴漆噴黑，就像是一顆不定時炸彈一樣。

毒塑彈

媒材：足球、瓶蓋、棉線、噴槍

喀拉-喀拉-圓圓扁扁的落下，

嘶-嘶-嘶-導火線被點燃，

轟～轟～烏漆麻黑的溢出來，

危機來襲，社區將被黑暗吞噬。

說明：
我們作品是毒塑彈，想告訴大家在生活中每分每秒都有人在製造垃圾，它就好像是一顆充滿毒「塑」的炸彈，一不小心就會爆炸，危機就在你我身邊！現在減少製造垃圾，就是對社區的未來盡一份心力。

材料之聲：灌「蓋」毒氣
我們選擇用「瓶蓋」做為設計的主要材料。回想這些日子，不管是喝的或生活品（例如洗衣精、洗碗精等），用完後習慣性的就把瓶蓋丟棄，給社區添了個大麻煩，所以「瓶蓋不斷給社區灌溉毒氣」。

形象之聲：易燃易爆炸
這個作品，我們做成一顆黑色的瓶蓋球。形象就像搖擺不定的炸彈，只要有一個差錯，就有可能爆炸，對社區帶來極大的傷害。

在地之聲：和平安詳
我們想對社區居民說：「請警覺小小的瓶蓋對社區的影響。」在社區踏查中，我們看到的瓶蓋都是五顏六色，塗上黑色顏料是像火燒到後被汙染的模樣。我們希望2030年的柳林社區能和平安詳，不再受到毒塑彈的影響。

愷妤在為作品導覽的時候說，瓶蓋「守口如瓶」的形象，帶給人們「安全感」，其背後卻隱藏著與表現形象截然不同的「危險」。兩位藝術家刻意將這個矛盾的形象凸顯出來，藉此提醒社區居民，危機的引線正被點燃，即時停止才能避

免社區被黑暗吞噬，期待 2030 的柳林社區是和平安詳的地方。

喜歡上台說話的愷妤，在開幕這天代表整個策展團隊為「2030 心轉變」展覽揭開序幕（本課程任務名稱為「2030『健』入佳境」，最後策展的展覽名稱為「2030 心轉變」）。愷妤帶領觀眾認識策展的緣由和一連串探究、創作到策展的歷程。看得出來愷妤在台上是緊張的，拿著麥克風的手微微顫抖，但仍然完整且清晰的表達。

時隔四年，還是很喜歡說話、喜歡分享的愷妤，很期待今天的訪談。她告訴我們，現在在護理科學習所需要的能力，幾乎都是在廣達設計學習計畫中就鍛鍊了。

第一個在設計學習計畫鍛鍊的能力是：上台表達想法、做報告和反思的能力。愷妤說：

> 我現在就讀崇仁醫護管理專科學校（護理科），每天除了要上台報告外，還有團體報告、團體合作技術考。其實還有很多必須上台分享理念的討論及反思。因為國小在廣達栽培中，經歷過類似的經驗，使我不管是國中、五專遇到這種任務，都能輕而易舉過關！

再者是策展思維。這個表面上看起來與護理專業不太相關的能力，愷妤卻說，因為策展思維的訓練，讓她在護理學習上表現得很好。

> 我們有些課程會需要看影片，然後去想這個（病）人，他大概的癥

狀是什麼？……那時我就想到這個策展。我那時候找到瓶蓋，然後再從瓶蓋去延伸，我覺得這對我的報告加很多分。

這份護理報告獲得了老師的肯定，老師還詢問愷妤是不是有過類似的經驗？愷妤就把這段設計學習的經驗告訴老師。策展，是從資訊和訊息中歸納出概念，提出觀點來來回回的歷程；策展思維訓練的是一種整合詮釋的能力，愷妤真的內化了這個能力，並將其遷移到護理場域。

互相激盪的點子實驗室

喜歡人、喜歡與人互動，是愷妤身上非常明顯的特質。愷妤說自己從小就是個「熱心助人」的人，而設計學習課程營造的點子實驗室，讓她更有機會去助人，且是雙向的互助，同儕間彼此幫忙，互相激盪點子，整個學習情境是共同成長的正向氛圍。

◆ 互相貢獻長才

愷妤一向是班上的領導者，無論跟誰合作都沒有太大問題，當設計學習計畫任務要分組時，她找到班上一位藝術能力較佳的夥伴，雖然不是經常合作的

對象，但喜歡跟人互動的愷妤，找到了她覺得在這個任務上可以跟自己互補的夥伴：

> 因為我會看她畫畫，而且她也會跟我分享她畫了什麼，我就覺得她很屬害。對我來講，我畫畫很弱，所以我如果搭配一個畫畫強的就可以互補。

◆ 互相丟意見、拋想法
因為知道彼此的長處，後來在合作上也建立了專屬的默契，愷妤說她們是「互相丟意見」：

> 因為她是美術很屬害，然後我是文字很屬害，所以她會丟想法給我，而我把她說的想法寫成文字，然後我們再配合。

愷妤形容這互相丟意見的合作模式，讓整個思考和創作的歷程，感覺輕鬆愉快。她說「我們就邊聊天邊做」，尤其當創作遇到瓶頸時，夥伴的正向態度是很重要的力量，「有時候我真的……想不出那個詞，到底用什麼會比較貼切？然後……她的正向感染到我。」

其實在整個設計學習的歷程中，不是只有組內的夥伴彼此丟意見，從愷妤的回憶可以發現，彼此丟意見、拋想法，互相幫忙的正向氛圍，存在於整個設計學習的情境中，是個可以彼此觀摩，互相醞釀想法，點子也能互相激盪的「點子實驗室」。愷妤分享了她與另外一組夥伴的互動：

> 另外一組，我忘記他們作品叫什麼？那位同學是到現在都很好的朋友……，她那時候是一直打掉重做……找我求救，然後就趕快去幫她，給她建議，她後來就比較有方向。

> 她那時候用的好像是保麗龍，一直想說要做什麼形狀？她一開始也想要做圓形，後來因為看到我們這組也是做圓形，她不想要重複，因為她也是個勝負欲很強的女生。……因為保麗龍是白色的，加

上她的作品跟「糖」有關，我跟她說妳可以把它想像成一個人躺著……就感覺他身上很多糖，因為喝太多飲料。

因為（保麗龍是）白色，加上她也有拋給我大概的素材……因為她看到很多含糖飲料，想到冰糖。我就說那妳就乾脆做個人，然後躺著，那個人身上都是百分之多少的這個糖。

◆ 不想輸的良性競爭

說到上面這位不想要跟別人作品一樣的同學，愷妤形容她是「勝負欲很強」的好朋友。其實不只是她，愷妤說設計學習的課程，因為有兩個班參與，班上同學也被激起了「不想輸」的心態。

兩班在一起，感覺誰都不想輸，那時候其實就有點壓力，因為還要上台報告。大家都不想輸……我們班有一些很調皮的男生，也突然用功起來，我就有點嚇到。後來他們上台報告也很好，在之後的課程中也很投入，覺得多虧了我們去的那個策展的課，讓他們突然（對學習）有了興趣。

然而，這些不想輸或所謂勝負欲，帶來的是一種良性競爭的氛圍。因為「不想要一樣」，所以愷妤幫忙好朋友，一起想出不一樣的作品；因為不想輸，大家開始「用功」起來，也逐漸增加了興趣。

真正舞台的成就感

對於一直很希望能夠有機會展現自己，想讓人知道自己厲害在哪裡的愷妤來說，設計學習計畫正好提供了她一個「真正」的舞台。

愷妤說那是有別於過去只是上台領獎的經驗，設計學習計畫是一個真正能在大眾面前分享自己的想法，真正能讓他人看見自己好在哪裡的舞台，「給學生表現的舞台」是她認為設計學習計畫最棒的地方。

因為我平常是參加那種比較靜態（的活動），像是寫作文，或是在

評審老師前面講講稿，可能第一名或前三名，去學校上台領個獎就下台，比較少讓大家覺得我到底厲害的點在哪裡？

我其實是一個不怕表現的人，一直很希望有舞台可以讓我表現，因為參加這個計畫，讓我有很多的舞台可以去介紹我想介紹的東西。

設計學習計畫是愷妤第一次接觸到直接面對大眾的活動，像這樣能真正在觀眾面前分享想法的成就感，很不一樣。

我們最有成就感的，就是講給那些學弟妹聽的時候，他們的眼神感覺很崇拜我們可以做出這種東西。

還有一、二年級甚至幼稚園的弟弟妹妹，他們就只是發出「哇！」的驚嘆詞，會讓我們覺得說他們很佩服我們，自己也很有成就感。

認識到不同的自己，看到不一樣的同儕

訪談最後，請愷妤用一句話為設計學習計畫下個註解，愷妤說這個計畫讓她「認識到不同的自己」。

為什麼這麼說呢？雖然愷妤一直很希望有舞台可以展現自己，但她說自己並不是一開始就這麼外向，對舞台其實是又愛又怕。不過這個計畫必須上台，因此她形容是「經過好幾番的鍛鍊」，才讓她「對上台更自信，然後很敢說，表達想法的時候都可以直接切入重點」。

慢慢的，現在愷妤已經是自己和他人都公認很能上台報告的人。從過去只參加靜態活動，到現在能夠上台侃侃而談，真的如同愷妤所說，她認識到不同的自己。甚至愷妤說：「這個活動，真的是讓我成為現在的自己，最重要的轉折點。」

除了看到自己不同的一面之外，愷妤也在設計學習計畫中，看到了同儕的不同面向：

因為他們平時都不會表達意見，就看我們幾個在那邊討論，突然他

們拋出了一個想法，然後我就覺得，喔！原來他們也是那麼有想法
的人。

練出來的，別人的建議是關鍵

有舞台不表示能力就會自然提升，舞台只是給了個場域，愷妤說，能力其
實「是練出來的！」

怎麼練呢？在設計學習計畫中，老師會一直不斷的追問……

老師就會一直問我們，你們所提出的理念是什麼？為什麼你們會想
要做這個作品，然後想要呈現給大家？是什麼樣的感受？對，然後
我們也會問老師說：「老師，妳沒有看到這個作品的時候，妳會覺
得那是什麼？」

再者，老師會給很多的修改意見。

愷妤很喜歡老師給她修改意見，她說「希望老師給多一點意見，然後我
們去修飾它」。她由衷感謝老師，願意花時間修改她們的文章。

我覺得國小老師就是會一直帶領我們做事情，像是我們那時候國小
導師，她是一個很熱心的人，所以我們不管寫多長的文章，她都很
願意幫我們修改，然後就很感謝她。

很神奇的，愷妤回想當時的狀況，「老師一直給我們建議，我們學生就
一直刪刪刪，精華就出來了」，所以「可以一直被（老師）煩是一件很幸福
的事！」愷妤微笑地說。

不要怕

總結這些經驗，愷妤想告訴正在經歷設計學習的學弟妹「不要怕」。

首先，不要怕你的想法跟別人不一樣，「因為每個人的想法都不一樣，
我覺得你敢講，大家就敢接受，所以不要怕」。

再者，不要怕他人給你的建議。「老師給我們的每一點建議，都是為了

讓我們的作品越來越好」，而且「一定要有人來給你建議，你才會對自己作品更有信心」。

最後，如果害怕，就練習。愷妤告訴學弟妹，如果害怕上台說話，「技巧就是，如果你一開始會害怕的話，你可以對著牆壁說話，或是對著你熟悉的人……」，「我覺得這是需要一點經驗，然後就是真的『不要怕』」，愷妤不斷強調。

嗯，我們策這個展覽沒有白做！

訪談結束前，再次回到議題上面。愷妤說現在因為坐校車，沿路經過社區，她喜歡在經過的時候往窗外偷瞄幾眼，她看到社區正在逐漸改變，因此很高興的告訴我們：「嗯，我們策這個展覽沒有白做！」或許 2030 年，柳林社區真能如愷妤在六年級時所預見的「心轉變」。

> 因為我們家也住在柳林附近，所以看到地上有垃圾，就會覺得說「嗯……又有人亂丟東西了」，可是因為那個展覽之後，我還是有去觀察，覺得我們社區的垃圾有越變越少。因為那時候我們開展，也有外校的人，都可以進來看。所以我就發現，其實我們社區的垃圾越來越少，心裡就多少有點欣慰，「嗯，我們策這個展覽沒有白做！」

愷妤給設計學習計畫的建議

議題：
✔ 我覺得這種活動可以持續下去，因為它真的幫助很多學生，就是一個能表現的舞台。

老師：
✔ 可以多給建議。
✔ 很多學生其實都是比較內向，他們更希望老師多給一點建議，然後讓他們知道自己做得不完美的地方在哪裡。

同學：

✔ 不要怕，這三個字很重要。

✔ 不要太內向，然後我覺得敢說也是很重要。

✔ 同學之間互相幫忙。

- 採訪｜黃楷茹、廖靜如、吳亦婕
- 撰文｜黃楷茹

設計本位學習
轉動教與學

撰文——陳偉仁

第 6 章

PBL 融入「設計思考」，讓學生展開自主學習

教學現場常聽到主題式學習（Theme-Based Learning, TBL）、任務導向學習（Project-Based Learning, PBL）或問題導向學習（Problem-Based Learning, PBL），而做為設計學習原型工具的設計本位學習（Design-Based Learning, DBL），和這些學習設計模式有何不同？

不同學習設計模式的比較

一般而言，主題式學習是以一個主軸（theme）為核心，多元廣泛的引導學生探究該主題不同面向的次主題（topic），拓展學生對主題的經驗和理解，適合用來建構學生知能。

本書介紹的設計本位學習，其實是一種任務導向學習，學生在執行任務中產生作品，如何引導學生在作品的思考、產製過程中學習相關知識、技能與態度，需要經過教師精心設計，更甚於隨機發生。

設計本位學習將「設計思考」（Design Thinking）融入了任務導向學習，讓學生在設計事物的任務歷程和結果裡挑戰「前所未見」（Never-Before-Seen, NBS），以涵養（cultivating）創造性心智，而教師也運用評量規準、原型嘗試（prototyping）、修改調整的歷程，營造設計思考式的探究。

問題導向學習則是採用問題情境做為導入探究、鷹架學習的媒介，這個問題情境通常是在處理學科、生活或社會議題，教師需要將議題編寫成弱結構式問題，使學生可以重新界定、聚焦所要探究的問題，展開自主學習，以回應原初面對的問題情境。

下面表 1 以高齡者適應後疫情時代生活型態為例，呈現採用不同學習設計模式設計出的學習任務，讀者可比較之間的異同：

學習設計模式	內涵	學習任務
主題式學習	建構知能	後疫情時代使人類進入新的生活型態，對高齡者生活帶來不同層面的挑戰。請探究後疫情時代中，社區高齡者在食衣住行育樂上面臨的挑戰和適應方式。
設計本位學習	設計事物	後疫情時代使人類進入新的生活型態，對高齡者生活帶來不同層面的挑戰。請為社區高齡者設計一個前所未見的共享天倫之樂數位裝置，以適應後疫情時代零接觸的生活型態。
任務導向學習	執行任務	後疫情時代使人類進入新的生活型態，對高齡者生活帶來不同層面的挑戰。請為社區高齡者設計一個可以共享天倫之樂數位裝置，以適應後疫情時代零接觸的生活型態。
問題導向學習	探究議題	後疫情時代使人類進入新的生活型態，相關單位檢測市面上因後疫情時代產生的數位裝置發現，零接觸方式為高齡者帶來跨時空的互動便利性，卻也帶來不同層面的挑戰。社區樂齡中心邀請你探討這個現象，並提出建議使高齡者適應後疫情時代零接觸的生活型態。

表 1 · 學習設計模式比較

　　值得關注的是，不論採用上述何種學習模式，主題、設計、任務或問題都只是學習中介，更應該釐清是要以什麼為「本位」（base），做為學習探究的目標。

　　也就是透過這些學習中介，學生要學到什麼？可以是產生學習遷移的關鍵概念（key concepts），或是以課程綱要為基礎，讓這些由教師精心設計的學習中介，對應（align）課綱的學習重點指標。

　　表 1 的學習任務舉例，便以「適應」為關鍵概念，做為學生探究時需要深度學習的核心。此外，避免活動式課程，為活動而活動的窠臼，做為「導向」的關鍵概念或學習重點指標，應該要充分呈現在學習任務與評量規準中，使學習目標、預期結果、學習任務、評量規準之間有清楚連結，發揮評量即學習的精神。

什麼是／不是設計本位學習？

有別於一般課程採 2D 平面式的學習，DBL 是一種 3D 立體的學習設計方式，在師生角色、引導歷程、學習結果、課程設計思維……等方面，皆有頗具特色的運作內涵，讓學生展開自主學習。表 2 以「城市建設教育方案」中的城市模型製作為例，說明什麼是／不是設計本位學習。

DBL 不是……	DBL 是……	所以，DBL……
……傳統教學。	……教師是促進者、觀察者，也是引導者。	學生的學習沒有絕對的是非對錯，而且他們的意見會獲得重視。他們可以在安全的環境中嘗試各式各樣的想法，有自信的支持自己的思考，進而發現其實有許多答案都是正確的。
……一個方案，一個課程，一個預設的教學計畫、藝術作品或手工藝品。	……是一種實踐 K-12 課程的方法學，教導生活和職涯技能。	教師有課程決策的彈性，決定如何以及何時把結合課程標準的 DBL 挑戰任務融入課程，DBL 會將評量融入課程中。
……缺乏情境脈絡的學習。	……經過設計的挑戰任務，會與課程做廣泛的連結。	教師會使用地區教學指引（district pacing guides）和特定的課綱內容標準，發展一個統整的，且使學生投入的課程。
……一個微型城市。	……建立一個可以讓學生連結所學的城市，學生可以連結具體想法和抽象的學科概念，也可以想像出創造性的方式，去挑戰目前既有的城市或建築運作系統。	學生可以在不同的學科中，討論城市的特性、樣貌、行政系統、生物功能等。經過討論、教科書學習、研究之後，學生會修改他們的問題解決方式。學生會建立一個原創的城市模型、一個聚落、一種文明、一種商業型態，展現出他們的高層次思考和問題解決能力。
……教師中心。	……學生中心。	學生會扮演與城市生活有關的專業角色，以此角色和他人溝通。他們變成自主且獨立，可進行討論、描述、解釋，為自己想到的問題解決方式辯護。

……模型呈現的只是複製或做出目前已經有的事物。	……對於歷史上別人曾經解決過的問題,由學生提出初步的、立體3D 的解決方式。	當學生參照事先設定的規準,建構出原創的設計時,他們在發展創投素養（entrepreneurial literacy）。當學生為了獲得同儕回饋,呈現3D 具體的解決方式時,是在培養他們的思辨、創意、溝通和合作能力。
……只是一個專題學習,一個以傳遞資訊為主的順向方法。	……逆向思考。學生在教科書學習、進行研究之前,就先針對面臨的挑戰任務,提出前所未見的 3D 具體的解決方式。	學生進行問題解決時,是從 Bloom 認知分類法中的高層次思考技巧開始;在發現解決方法的歷程中,循序發展基礎層次的認知技巧。（別的教學法常從基礎層次的認知技巧開始,甚至沒有往高層次的思考邁進。）
複製既有的事物,製作出完美、賞心悅目的作品。	製作出待完成、不完美、前所未見的 3D 具體設計,鼓勵學生從錯誤中學習,一有新的知識,就可以修改原本的設計。	教導學生為自己的設計辯護,且進行批判性思考,培養他們主動參與學習的能力。
……微弱的點子。	……強而有力的點子,包含關鍵概念、原則、價值和道德。	學生學到強而有力的概念,可以讓他們應用到別的領域,或是用來解決別的問題。
……個人主義或競爭性的。	……社群中心的,培養公民素養、全球意識、積極公民權、治理、協同。	學生學習成為地區和全球社群的主動成員。

表 2．DBL 不是／是……（※ 資料來源：https://www.dblresources.org/downloadable-materials/）

　　本章釐清 DBL 和其他學習設計模式的異同,並以尼爾森提出的「城市建設教育」方案為例,說明什麼是／不是 DBL,呈現 DBL 引導學生展開自主學習的運作特色,接下來將引領讀者更深入了解 DBL 的發展背景與設計理念。

第 7 章

DBL 的發展背景與設計理念

生活中處處需要設計，設計時常常連結生活。一個好玩的遊戲，需要經過設計，有設計過的規則讓人感受到心智或身體的挑戰，設計巧妙的遊戲會觸動體驗者的玩興，增添生活的樂趣。一道恆定的演算法則經過設計，運用精準的符號，將抽象運思轉換成具體表徵，把複雜精煉成簡潔，歸納與演繹之間將數據演算成資訊，影響生活的方方面面。

而一個啟發學習的環境在經過設計後，便於對話的交流可以隨時發生，唾手可得的資源將成為實驗思考的材料，空間的安排也會影響學習的暫棲與動能，使學習和生活緊密連結。引動以設計為本的學習，便成為當代創新教育的趨勢。

設計本位學習（DBL），就是以設計為本的有效學習設計模式，模式提出者尼爾森認為，DBL 將設計融入 K-12（國民教育）的課程中，使學生可以透過統整式任務發展設計思考，並以系統性的方式探究解決問題，為生活貢獻一份心力，促進公民意識，學生也可以藉由設計元素導入探究、實作的歷程，充分體會完滿的經驗。

本章將先引導讀者認識 DBL 模式的發展背景，接著介紹 DBL 的設計理念，第 8 章開始正式說明學習設計步驟，希望可以引發更多的實務工作者，運用 DBL 點燃學生對學習的渴望！

設計本位學習模式的發展背景

＃把「設計」帶入 K-12 基礎教育

把「設計」帶入 K-12 基礎教育的目的之一，是關注學生的主體能動性，引導學生參與生活中各式各樣議題的思考、討論，甚至構思與實作出可以改變生

活的方式，讓學生在這樣的歷程中增能賦權（empowerment），發展成有設計思考、美學感知、創新想法的生活設計家。

美國教育界在 1960 年到 1970 年初期，就秉持以設計賦權學生的理念，引導學生理解生活議題，參與環境決策，具體的將社區設計導入基礎課程中，把設計視為重要的學習方式。因此一些相關課程方案應運而生，當中有三個知名的課程方案都強調透過設計將創意思考融入學校課程，包括查爾斯・柏內特（Charles Burnette）和賓州藝術大學所推廣的「設計本位教育方案」（Design-Based Education Program），以及由梅瑞迪斯・戴維斯（Meredith Davis）和羅賓・摩爾（Robin Moore）進行的「透過設計的教育方案」（Education through Design Program），戴維斯甚至還出版《設計是學習媒介》（*Design as a Catalyst for Learning*）一書，清楚論述設計教育和現行教育相通之處，探討設計如何活化教與學。

至於第三個方案的倡議與執行者就是尼爾森，由她所設立的「城市建設教育中心」（Center for City Building Education），是「設計本位學習」模式創發、研究、推廣的實驗基地。

DBL 創新教育實驗基地：城市建設教育中心

朵琳・蓋瑞・尼爾森（Doreen Gehry Nelson）是波莫納加州州立理工大學（California State Polytechnic University, Pomona）教育與統整研究學院（School of Education and Integrative Studies）的退休教授，在 1991 年被《時代雜誌》（*TIME*）選為 30 位頂尖美國教育創新者之一。

1960 年代晚期，尼爾森在加州實驗學校、公立學校體系擔任教師，因深受約翰・杜威《我的教育信條》（*My Pedagogical Creed*）一書的啟發，致力於學以致用並啟發高層次思考的教學，在威斯敏斯特小學（Westminster Elementary School）實驗她的教育想像。

在這一段實驗教育想像的日子裡，尼爾森有一位重要的合作夥伴，是她的兄長，也是美國大名鼎鼎的建築師法蘭克・蓋瑞（Frank Gehry）。蓋瑞在榮獲普立茲克獎之前，只是一個留著小鬍子協同妹妹創新教學的建築師，每週三帶著一群學生走出校園，以建築為主題，嘗試建造自己的城市，自己的家園，找到學習的活水源頭，打開思考的水龍頭，進行「城市建設教育」（City Building

Education）方案。

電影製片人喬恩・布爾斯汀（Jon Boorstin）在 1971 年所拍攝短片《兒童城》（*KID CITY*）中，留下了當時 42 歲的蓋瑞和尼爾森嘗試創新教學，在洛杉磯的小學推動實驗教育這段記錄，片中可以看到兩人互動的歷史性畫面，有

掃我看紀錄片

興趣的讀者不妨掃描 QR Code，觀賞這部在 2018 年由美國影藝學院電影資料館（Academy Film Archive）重新修復的珍貴影片。

「城市建設教育」方案中，學生為了城市建造，在老師的引導下，用身邊簡單的材料製作城市模型，甚至選出模擬市長，論辯土地規劃與所有權的問題。延續這個創新課程方案的精神，尼爾森在 1974 年正式成立「城市建設教育中心」，至今仍是個活躍的教育組織，致力於 DBL 模式在美國本土和國際間的推廣、應用與研發，想進一步了解的讀者可以參考該組織的網站（https://www.dblresources.org/）。

設計本位學習模式的理念

將「設計」轉化成課室運作的學習設計方式時，尼爾森認為自己深受美國文化心理學家傑羅姆・布魯納（Jerome Bruner）、教育心理學家班傑明・布魯姆（Benjamin Bloom），以及教育哲學家杜威的啟發，三位巨擘的論述成為設計本位學習的學習設計理念（Nelson, 2022）。

#非特定性的學習遷移

尼爾森相當崇敬布魯納，甚至請他為其專書寫序。尼爾森認為布魯納所提的「學習遷移」概念，非常有啟發性，尤其應該引導學生進行「非特定性的學習遷移」（Non-Specific Transfer of Learning）。

非特定性學習遷移就是引導學生探究可以跨領域、跨情境的關鍵概念，使學生可以運用這些概念進行實驗性的探究，從一個學科領域到另一個學科領域，從學科學習到真實生活情境的應用。在這個過程中，學生會體會到關鍵概念帶來的普世性、通則性和價值性，使他們可以後設的理解事物本質，探尋值得不斷思考的核心問題。

＃逆向思考

　　課程統整的落實需要更具體的設計步驟，而且每個挑戰任務的運作，其實都是逆向思考（Backwards Thinking）的體現。順向思考的課程，多半先進行一系列的活動，最後以一個學習任務挑戰學生，以此學習結果評量所學；逆向思考的課程設計，則是會一開始就在挑戰任務中清楚指出預期的學習結果，教師的引導和學生的探究便會「以終為始」（begin with the end in mind），有意識地朝向這個學習結果邁進。

　　尼爾森稱布魯姆認知分類學為「學習階梯」（Learning Ladder），傳統課程以順向設計來規劃學習，就像圖 1 上方階梯，學生要從知識訊息的累積開始，然後才逐步爬升至發明、設計、創造等高層次活動。相反的，逆向思考的學習設計則如同圖 1 下方階梯，會從創意為開端，激發學生學習好奇心，由自我表達開始，就可以讓教師知道學生的學習準備度。

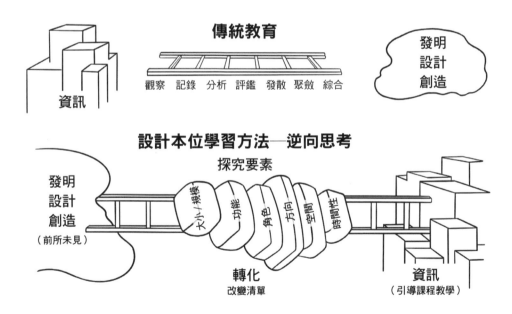

圖 1・傳統教育與 DBL 模式的比較（※ 改編自《*Cultivating Curiosity: Teaching and Learning Reimagined*》 D. Nelson 著，p.90）

　　逆向思考的課程設計邏輯，也就是一般所說的「逆向設計」（backwards design）（Tomlinson & McTighe, 2006），教師運用逆向設計來思考課程，並不需

要重頭來過，只需要顛倒教學活動的順序，願意放開先灌輸知識才可以創造的心態，與一開始的模糊不清共處。具體而言，DBL 的課程設計分為兩個階段：計畫階段（步驟 1～3）和教學階段（步驟 4～6），強調以學習成果為導向設計任務與規準，教學歷程強調讓學生先嘗試，再進行教學，從設計到教學歷程，徹底顛倒原來的教學順序，因此稱為「逆向設計」。

#實驗性的探究

深受杜威啟發的尼爾森認為，「設計」就像是杜威所說的「實驗性探究」（experimental inquiry），對很多學科教師而言，好的設計型態學習任務，其實隱含文化、社會、經濟和科技議題，如果能夠將這樣的學習任務置於課程核心，學生可以將心有所感的探究，以手作的物理形式為方法，結合大腦思維運作，進行問題解決，可說是心手腦交織的立體實作過程（Davis, 1998）。

手作與心智交織所產生的知行思合一，是讓「設計」在 K-12 課程佔有一席之地的關鍵。傳統的知識論，將知識視為透過驗證的事實（verified truth），但是設計的知識論，關切的是產生有用且實用的點子，用以解決真實世界的問題。因此，設計師需要面對的是弱結構的問題，需要以高度的創意，投入問題的界定（Koh et al., 2015）。

以城市建造任務為例，透過模擬的城市建造課程，可使學生將具體思考和抽象的學科知識連結起來，迸發出許多創造性的問題解決方案，回應真實世界中城市建設和發展所遇到的挑戰。學生在探討城市建造過程中，自然的觸及到文明發展、市政系統、生態環境等議題，這些議題都可以結合教科書單元，使學生學習教科書的知識後自主探究，發展觀點和策略，以高層次的思考產生問題解決方案。

從 2019 到 2020 學年度起，DBL 也正式成為美國加州大學洛杉磯分校 X 中心的師培方案。尼爾森曾在一篇報導中說：「我不是在教孩子們成為設計師，而是在教他們思考。」而且是透過實作中思考，因此，「學生將建立起生活在 21 世紀的基本技能，例如：思辨、溝通、合作和創意，並學會運用這些技能解決問題」（Sisson, 2019），為 DBL 做了深具當代教育意義的註解。

第 8 章

DBL 學習設計 – 6½ 步驟

　　為了協助教師引導學生達到非特定性的學習遷移，可以運用逆向思考設計學習，並且使學生沉浸在實驗性的探究中，尼爾森與 DBL 資深教師萊絲莉・史托茲（Leslie Stoltz）合作，共同開發了設計本位學習 6½ 步驟循環圖。

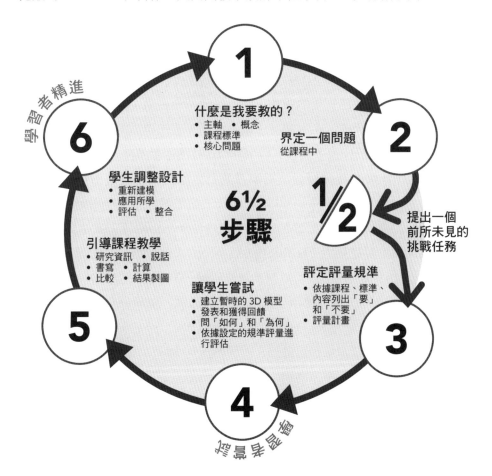

圖 1・設計本位學習 6½ 步驟循環圖

與其說設計本位學習 6½ 步驟是學習設計方法，不如說它是轉動教與學的方法學（methodology）。一位曾接受 DBL 培訓的教師便說：「參與設計本位學習培訓，我不僅帶走豐富的知識，最重要的是我帶著一種信念離開，那就是我可以改變世界！」接下來就讓我們一起了解這個可以「帶來改變」（make a difference）的 DBL 學習設計步驟。

步驟 1——什麼是我要教的？

如何萃取關鍵概念？

DBL 學習設計第一個步驟，便是要釐清「什麼是我要教的？」使教學聚焦，也為學習定錨。這個教與學的重點，可以是主軸（theme）、概念、課程標準（或稱課程綱要）、核心問題（essential question），學習設計師要能夠從中萃取出「關鍵概念」[1]，成為思考、表達、實作時的語彙。

學生將有意識的運用這些語彙進行創造性產出，且後設性的批判自我表現，深刻體會到這些領域或跨領域的語彙，與學科學習和日常生活的關聯性，甚至可以「少即是多」的原理，掌握關鍵，學以致用，感知到「給我一個支點，我就可以轉動全世界」的學習效能感，產生非特定性的學習遷移。

具體而言，什麼是關鍵概念？尼爾森認為，關鍵概念就是潛藏於課程、生活、生命中的普世原則（universal principle），使學習者可以應用到不同的情境中，產生學習遷移（Nelson, 2004）。美國教育學家格蘭特‧威金斯（Grant Wiggins）與傑伊‧麥克泰伊（Jay McTighe）則說：「關鍵概念是跨領域、可遷移的核心概念，彷彿聚光鏡般，可以幫助學生組織、聚焦其學習經驗。」（Wiggins & McTighe, 2011/2015）以「城市」（The City）為例，尼爾森舉出關鍵概念清單（Nelson, 2022）：

- 複雜／多元：城市是複雜且多元的實體。
- 永續：城市提供住所、食物、水和交通等基本需求，使城市可以持續不斷的運作。
- 相互關聯（interconnectedness）：整體大於部分之總和。

---

1 尼爾森使用的是「大主題」（BIG TOPIC），而非「關鍵概念」，但是在我們的實務現場，「主題」通常是活動串聯後形成的標題，但是「概念」是抽象連結整合成的語彙，比較接近尼爾森所強調可以達成學習遷移效果的普世原則與價值（Nelson, 2004/2022），因此本書採「關鍵概念」。

- 治理：建設一座城市需要規劃、合作和決策。
- 熵（Entropy）：環境壓力會帶來預期或非預期的變化。
- 適應：人創造城市，也會調適和改變城市。
- 組織：規劃是基於確切知道什麼是需要的、不需要的、可獲取的。
- 毅力：透過有計畫的行動可以達成目標。

　　如何萃取關鍵概念？依據琳恩・艾瑞克森（H. Lynn Erickson）、洛薏絲・蘭寧（Lois A. Lanning）與瑞秋・法蘭琪（Rachel French）在《創造思考的教室》（*Concept-Based Curriculum and Instruction for the Thinking Classroom*）（Erickson et al., 2017/2018）中提出的「知識性結構」，可以幫助我們釐清概念在知識結構中的定位，並掌握關鍵概念萃取的方式。簡單的說，知識最基礎的層次是事實（fact），事實可以組合成主題（topic），概念（concept）則從事實與主題萃取而得，而概念所推導出的原理原則（principles）則是整合兩個或更多的概念所構成的一句話。概念、原理原則都能夠穿透時間，跨越文化，超越情境產生遷移，再往上就達到理論（theory）的層次。知識性結構的層次請參見下圖：

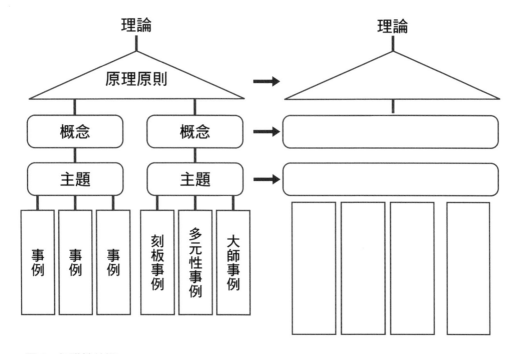

圖 2・知識性結構

應用上述知識性結構，開發設計本位學習課程的教師團隊，可先依課程主題蒐集經典大師作品，接著討論這些作品的特點，並將作品分類，參考圖 2 繪製關係圖，然後考量學生的能力、經驗，以及在地情境與資源，選擇一個解決任務最關鍵的特點，凝聚成為學習的關鍵概念。

關鍵概念萃取流程

1. 分類整合關鍵元素

（1）將大師作品和所有相關的事例分類。

（2）找出每一類的共同特點，至少 3 至 5 個。

（3）歸納所有類別的共同特點，選擇教師團隊希望學生在這個任務中學習的特點，並為這個特點下一個概念名稱。

2. 檢核概念「關鍵」性

（1）這個概念對挑戰學生思考（如：策展思維）設計的能力是重要的。

（2）這個概念對教師團隊關心的「任務主題」（如：韌性家園）是重要的。

（3）這個概念對任務主題（如：韌性家園）是重要的。

3. 檢核概念遷移性

再想想	能接受	可發表	專家級
選取的概念具領域特定性，有明確定義，但缺乏探究空間。	提出的概念雖有侷限性，但可從不同角度切入解讀，用於設定好的領域。	提出的概念雖有侷限性，但可用於不同領域，有不同解讀。	凝聚出的關鍵概念在不同領域皆有延伸性、詮釋性，可多元應用於不同領域。

表 1 · 概念遷移性水準

4. 定義關鍵概念

（1）用一句話、一個例子解釋關鍵概念的意義。

（2）根據關鍵概念的定義，提出 3 至 5 個核心問題。（參考範例填寫）

主題	吸引式問題	誘答式問題	引導式問題	核心問題

【範例】 營養	你吃的東西有助於預防青春痘嗎？	六大類食物群各包含哪些食物？	什麼是均衡飲食？	我們應該吃什麼？
【範例】 心理學／ 人類行為	為什麼小孩有時候在群體裡面會有愚蠢的舉動？	誰是史金納？什麼是行為主義？	行為主義、完形心理學和佛洛依德心理學之間有什麼相同和相異處？	為什麼人們會有這樣的行為呢？
【範例】 《麥田捕手》 小說研究	你認識行為舉止瘋狂的青少年嗎？為什麼他們會那樣？	這本小說發生在什麼年代？在什麼地方？	荷頓是正常人嗎？（注意書中主角是在精神病院裡訴說這個故事的。）	是什麼讓一個故事變得永垂不朽？ 從這部小說我們可以學到什麼「真理」？

表 2・核心問題設計（※ 改編自《核心問題：開啟學生理解之門》（*Essential Questions*）Jay McTighe & Grant Wiggins 著，侯秋玲、吳敏而譯，p.18-19）

（3）試想學生可能會如何解釋關鍵概念？會如何用作品展現他們對關鍵概念的理解？

步驟 2──界定一個問題

找到對味的問題

　　DBL 學習設計的第二步驟是：「界定一個問題（problem）」。好的問題可以引發學習者的問題意識，面對充滿挑戰性、難以解決的真實問題，感知到一種懷疑、困惑、焦慮、探究的心理狀態，這樣的狀態使思考積極、活潑起來，驅使學習者不斷提問，持續尋找問題解決的方法。這種問題性的心理品質，就是問題意識，也是設計本位學習應該著力之處。

　　找到對味的問題，才能開啟學生探究之旅，拓展學生創造之心。不同的設計者面對相同的任務，可能會從不同角度切入問題，找出自己解決問題的方式。但是設計本位學習的目的，在於透過任務探究可產生學習遷移的關鍵概念，而不是漫無目的的發散，所以需要把關鍵概念融入問題中。不過關鍵概念本身具有詮釋表述的空間，所以學習者仍然可以自主詮釋概念，解讀問題，找出方法，發揮創意，創造屬於自己的前所未見！

尼爾森列舉在「城市」DBL課程裡界定的問題（Nelson, 2022）：

- 學生在前一個單元設計的前所未見的生物／虛擬化身，需要一種方式來保護自身，免受城市中自然和人為侵害。
- 現在是2030年，（城市裡）許多生物因疫情被迫隔離。

步驟 2½ —— 提出一個前所未見的挑戰任務

如何用 1/2 的魔力打造出前所未見的任務情境？

萃取出關鍵概念、找到對味的問題後，接下來就是要「提出一個NBS的挑戰任務」。任務是為預期結果（desired results）設計的學習情境，能夠挑戰學生，使所學有應用的目標和方向。

執行任務的過程中，學生重新定位自己在學習中的角色，是知識也是行動的主動參與者；教師不再是監督、檢查、控制者；教室也不再只是教室，而是思想的實驗室，是點子的發想站。教師和學生共同合作，接受任務的挑戰，任務探究歷程成就了學生，也改變了教師的教學。

#「老師一半，學生一半」

有趣的是，尼爾森把這個步驟訂為「2½」，而不是直接進入整數3。為什麼呢？我們的詮釋是，任務能夠激發教師熱情，展現專業自主，結合學校本身的殊異，發揮團隊創意，努力促發學生的自主學習。就像《哈利波特》（*Harry Potter*）小說中的9¾月台，邀約讀者跨越時空，進入想像的介面。

而為了達到自主學習的目標，任務設計也具有1/2的特性，搭建「老師一半，學生一半」的介面：

〔鷹架〕老師設計架構，學生建構行動，重新發現學習的樂趣。

〔留白〕老師掌握概念，學生詮釋觀點，進行有主體性的探究。

〔空間〕老師營造情境，學生打開視野，促發有使命感的學習。

#「前所未見」是任務設計前提

為什麼要強調「前所未見」？尼爾森回顧自身教學經驗，發現如果要求學生仿照教科書內容，再現前人所作所為，學生是習得學科知識內容，或是依照

教師的示範依樣畫葫蘆，無意間會壓抑學生自我表達的機會。經過這番反思，尼爾森主張應該「倒過來」，以逆向思考的方式，從創意出發，邀約學生進行一個前所未見的設計，激發他們對教師所要教授內容的好奇心和想像力。

也就是說，經過精準設計的任務，是對前所未見學習結果的想像，彷彿有魔力般，先點燃師生的能動性，再因執行任務、設計結果所需，充實相關知能，充分體現逆向設計的課程思維。

#以願景帶出想像，以行動落實學習

此外，「前所未見」還帶出自主學習的願景與行動。尼爾森同時也提醒我們，設計本位學習中的學生是在進行「實驗性的探究」，因此教師在設計 NBS 任務時所用的語彙非常重要。如果要求學生「設計一棟『房子』」，學習結果可能就只是一棟複製現有的建築物；但若是邀請學生「設計一個前所未見的『庇護所』」，學生就會展開實驗性的探究，以願景帶出想像，以行動落實學習。所以，如何激發師生以前所未見的視野看待學習結果，從任務的使命感中自然而然的產生自主學習，是需要經過精心設計的藝術。

———— ◆ ◆ ◆ ————

DBL 模式中這個耐人尋味的步驟 2½，也就是 NBS 挑戰任務，對學生的學習來說，成果導向的任務便是學習的主軸，從意識啟動、行動規劃、學習需求到執行實踐都環繞著任務，透過任務進行廣度和深度的延展，啟動有使命感的學習。在 DBL 網站中，進一步引用知識深度層次表（參見表 3）區辨四種不同知識深度的任務：記憶背誦（Recall）、技巧／概念（Skill/Concept）、策略性思考（Strategic Thinking）、延伸性思考（Extended Thinking）。越是記憶背誦式的任務，越重視基礎知能的學習；越需要延伸性思考的任務，越需要學生應用高層次思考，進行創造或問題解決。

層次一 記憶背誦	• 回想故事結構的要素和細節，例如事件發生的順序、角色、情節和場景。 • 數學基本運算。 • 地圖標示。 • 用文字呈現，或用圖表呈現一個科學概念或關係。 • 制式化的程序，例如測量長度或是正確使用標點符號。 • 描述一個地方或人的特徵。

層次二 **技巧／概念**	• 辨識和摘要一段敘述中的主要事件。 • 用脈絡線索去辨識一個不熟悉的文字的意思。 • 例行性解決多個步驟的問題。 • 描述一件事的前因後果。 • 辨識事情或行為中的型態（patterns）。 • 用現成的資料和東西形成一個制式化的問題。 • 組織、再現、詮釋資料。
層次三 **策略性思考**	• 用細節和例子支持想法。 • 使用切合目標和聽眾的聲音。 • 為科學性的議題找出研究問題和設計研究。 • 為複雜的情況發展一個科學性的模式。 • 判斷出作者的目的，並描述其如何影響一個閱讀段落的詮釋。 • 將概念應用在其他情境脈絡中。
層次四 **延伸性思考**	• 執行一個任務，該任務需要辨識議題、設計和進行實驗、分析資料，以及報導結果／解決方式。 • 應用數學模式闡明一個問題或情況。 • 用不同來源的資料分析、整合訊息。 • 描述和說明共通性主軸（themes）如何貫穿不同文化的文本。 • 設計一個數學性的模式，用來傳達或解決實際或抽象的問題。

表 3．任務設計的知識深度層次（※ 資料來源：Webb, Norman L. and others. "Web Alignment Tool" 24 July 2005. Wisconsin Center of Educational Research. University of Wisconsin-Madison. 2 Feb. 2006. http://www.wcer.wisc.edu/WAT/index.aspx）

　　至於如何用 1/2 的魔力打造出前所未見的任務情境？尼爾森以「連綿不斷的教與學情境」（a limited context for teaching and learning）來形容「城市」課程中的任務，學生歷經一個又一個 NBS 任務，一次又一次的 6½ 步驟，用 3D 作品的實作來理解關鍵概念，探尋核心問題。學生建構城市的一小部分，又因新的概念導入，或模擬城市管理員而有新的協商，城市繼續擴建或修改，擴散與聚斂之間，教與學連綿不斷。

　　具體而言，NBS 任務情境設計需要考量以下要素：

指標向度	說明	範例
實境問題	學生作品有真實關心的觀眾	參與社區改造方案 校外人士參與指導、評量
關鍵概念	領域內容的核心知識、心智習性	各學科關鍵概念、能力指標

學以致用	解決問題、團隊合作、多元行動	提供方案解決棘手問題
積極探究	第一手資料、學生探究歷程	田野調查、訪談、觀察
社群場域	角色扮演、校外專家、關心者	參訪專家或方案重要場域
表現規準	任務開始就理解評量規準 多元作品、關鍵人士評量	師生共同建構標準 學生互評、自評具體指標

表 4 · NBS 任務設計要素（※ 改編自《設計優質的課程單元：重理解的設計法指南》
（*Understanding by Design*）Jay McTighe & Grant Wiggins 著，賴麗珍譯）

步驟 3──設定評量規準

如何設計出引導學生學習並鼓勵破框的評量規準？

　　為什麼要先設定評量規準？有了規準不就限制學生的創意嗎？

　　上述問題是運用設計本位學習的教師常有的疑惑，尼爾森認為，當她給學生評量規準，以符合學科學習所需時，就像顧客把自己需求提供給設計師，要求設計師按這些需求進行設計（Nelson, 2022）。

　　真實的設計師總是面對來自於顧客、政府法規，或設計本身所帶來的限制（constraint），藝術家或科學家也一樣在限制中尋求突破，創發新的可能性。設計思考大師提姆·布朗（Tim Brown）更直截了當告訴我們：「最好的設計，往往就來自於最嚴苛的限制。」同時，他進一步引用傳奇設計師查爾斯·伊姆斯（Charles Eames）的名言：「設計者的特色就是樂意擁抱限制。」（Brown, 2009/2013）

　　「限制」其實就是執行任務時的條件，設計師可以轉化條件為可能性，運用同理的觀察去發現條件限制下的發展空間，翻轉出新意；條件限制越多，設計師越是得運用創意，因地制宜，現地發揮，擴散聯想（創造力初級歷程），破框而出，聚斂為另類觀點（創造力次級歷程），同時呼應關鍵概念，展現一個從心所欲而不逾矩的作品。

　　「限制」（條件）轉化至學習設計時，就是評量規準，像是教室裡另一位老師。學生常問老師：「這樣做可不可以？我這樣做對嗎？」尼爾森表示，當學生想知道他們這麼做對不對時，她便指著規準，請學生自己念出來，自行檢視是否符合規準，後設自己的學習表現，並確保學生學到教師希望他們學習到的學科概念或語彙。尤其使用設計本位學習來回應課程綱要／標準的老師，更應

該確切的使用評量規準，以對應所選用的學習表現或學習內容指標。這時，「限制」反而成為「鷹架」，可以引導學生學習。

進一步而言，觀察學生在這些規準上的表現，教師得以從評量者的角度了解學生理解程度。相對於活動導向的課程設計者，將課程視為一系列活動的連貫，重視在教學主題中期望學生完成哪些活動；任務導向的學習設計者，以任務的預期結果為核心，關切依據預期結果中的要求，可能有哪些評量型態可以證明學生的理解？以什麼樣的規準可以適切地看待作品，並評定品質的高低？（Wiggins & McTighe, 2011/2015）

◆ ◆ ◆

如何設計出引導學生學習並鼓勵破框的評量規準？

#「規格」的設計

尼爾森示範了一個「城市」課程中 NBS 創造性生物庇護所的設計規格（Nelson, 2022）：

要	不要	計分
前所未見	曾經看見	5
3D	平面圖	5
進出方式 提供光和空氣的方式	有一般門和窗戶的普通房子	10 10
面對極端自然現象的持久永續保護方式：雨、洪水、風、颶風、極度炎熱和寒冷、地震	短暫性的解決方式	10
免受人為侵害	有害或不當的解決方式：槍械、護欄、監獄	10

表 5．NBS 創造性生物庇護所的設計規格（※ 資料來源：《Cultivating Curiosity: Teaching and Learning Reimagined》Doreen Nelson 著，p.103）

轉化成符合教育現場實務的運作，評量規準包括「規格」（要／不要）、「水準」。我們建議老師可以列出「規格」（作品外在的形式，大家都要做到的），就外在的形式（如：展品的大小、件數，展區劃分的數量，展名的特性）清楚傳達每位學生都應該做到的條件（要），不要的部分多半就是不符合學習指標

的表現，或是執行任務時不適切的考量與需要避免之處，這是老師教學的專業判斷，讓任務可以剛剛好比學生目前所會的再難一點點，並於一定的時間內完成。設計要點大致如下：

1. 設想出學生預期結果。
2. 將學生預期結果形式上想看到的重點列在「要」，以列點方式呈現。
3. 將無法呈現出關鍵概念的可能性，列點撰寫於「不要」。
4. 「要」與「不要」不需並排列點互相呼應。
5. 可舉出實例，具體說明。

#「水準」的設計

「水準」（作品的精緻程度，學生會有層次性的表現）就是一般熟悉的表現水準指標（rubrics），是執行任務時所需要面對的挑戰，要學習／具備的知能，通常是突破既定認知，引發深層理解的學習表現。

水準可以讓學生清楚看到自己表現的層次，提供自我精進的方向，提升自主學習的意識。教師需要從預期結果的內涵，先界定出作品的面向（如：理念、形式、內容），接著區分出【再想想】、【能接受】、【可發表】、【專家級】四個層次的具體表現。設計要點大致如下：

1. 評量向度可依「關鍵概念、高層思考與 NBS 前所未見」進行設定。
2. 以上述向度解析大師作品，形成【專家級】表現的指標敘述。
3. 將學生的起始能力表現定位於【再想想】；教師預期看到的能力表現設為【能接受】；接近可發表，有潛力的證據設為【可發表】；而接近大師作品表現則是【專家級】。
4. 檢核水準設計的精準性。

	再想想	能接受	可發表	專家級
評量向度	評量向度缺漏，且沒有回應學習目標的名稱。	評量向度完整，有回應學習目標的名稱，但是安排缺乏邏輯性。	評量向度完整，有回應學習目標的名稱，且安排有邏輯性，讓學生了解向度間的相對重要性。	評量向度完整，有回應學習目標的名稱，且安排具邏輯性，名稱讓學生對卓越表現心生嚮往。

	再想想	能接受	可發表	專家級
指標描述	指標描述和向度沒有關聯性。	指標描述和向度的關聯性模糊，學生不易理解。	指標描述和向度的關聯性清楚，能清楚傳達老師對學生表現的期待。	指標描述和向度的關聯性緊密，提供具體例子，引導學生自主詮釋。
評量層次	鄰近的評量層次說明沒有差別，難以區分學生作品優劣差異（差異性）。	評量層次不均勻而讓學生難以有方向性的自我評量與調整（方向性）。	評量層次均勻且清楚，可以有方向性且精準的回饋學生表現（精準性）。	評量層次均勻且精準，能精確的品評表現，成為學生邁向卓越的學習鷹架（卓越性）。

表 6 · 水準的設計層次

步驟 4 ── 讓學生嘗試

學生動手又動腦，打造原型的關鍵

　　賦予學生 NBS 任務，且說明評量規準後，在尚未介入實際教學前，尼爾森建議就讓學生試試看！這是設計本位學習的第四步驟：「讓學生嘗試」，動手又動腦打造原型的關鍵。而且，這個嘗試盡可能是引導學生製作出一個暫時性的立體作品，就像是「給思考一個 3D 速寫」。

　　尼爾森再度引用杜威的「實驗性探究」概念，說明讓學生嘗試是讓他們練習「假如……」（what if）的猜測，假設、探究、驗證的過程，就是杜威所強調科學性的態度和思維（Nelson, 2022）。

　　事實上，設計領域本來就相當重視原型（prototype）的概念。所謂「原型」，是指我們可藉以探究構想、評估構想和推動構想的有形物體。原型嘗試是設計思考十分特別的一個運思歷程，提姆·布朗說：「一個靈活敏捷的設計思考家團隊，會從第一天就開始製作原型，然後一路自我修正。」他所屬的 IDEO 團隊也主張：「越早失敗，就越快成功」。

　　在創新思考的歷程中，與其說是一連串井然有序的步驟，不如說是發想、構思、執行的三度空間不斷地交相疊合，而在每一次的疊合中產生原型，可做為下次發想的具體開端。

　　世界頂尖創意公司 IDEO 執行長暨總裁提姆·布朗，在其著作《設計思

考改造世界》(*Change by Design: How Design Thinking Transforms Organizations and Inspires Innovation*) 中指出：

> 製作原型的目的不是為了創造工作用的模型，而是要給構想一個形狀，獲悉構想的長處和缺點，然後確定下一步的新方向，做出更細部、更精煉的原型。

所以，我們可以說「原型嘗試」是鼓勵學生在接獲 NBS 任務後，參照評量規準，嘗試製作作品，「給構想一個形狀」，一方面呈現自身既有的認知、理解，一方面提供教師進一步介入教學的參考，落實區分性教學。

教學實務上，一張捲紙或一片碎紙就可以變成一個 3D 模型的雛形。原型的製作，可以開啟學生思考和問題解決的能力，而在討論任務中的挑戰時，可以練習使用規格（要／不要）、水準的語彙，來進行提問與修正（Nelson, 2004）。此外，教師可鼓勵學生使用 N 次貼，捕捉快閃念頭，即刻提供、否決丟棄或變換位置，提姆・布朗稱之為「蝴蝶測試」（Brown, 2009/2013）：

> （N 次貼）先是幫他們捕捉到五花八門的洞見，接著又幫他們把洞見歸納成有意義的模式。便利貼它粉彩色的榮耀具體指出，我們已經從激發靈感的擴散階段，步入找出解決方案的聚斂性階段。

例如，教師引導學生執行的 NBS 任務是策畫一個前所未見的展覽，N 次貼就像是展品，將 N 次貼來回擴散、聚斂出的標題彷彿是展區名稱，當有新的訊息加入，或是有不同的靈感迸現時，N 次貼可能會移位、重組，標題也就會隨之改變。來回激盪幾次後，標題匯聚出一個更上位的概念，形同展名，這個展名就很有可能呈現出學生對關鍵概念別出心裁的詮釋，也就是這些小策展人可用來創作的觀點了。

———— ◆ ◆ ◆ ————

好的「原型嘗試」教學設計，可以關注下列幾個面向：

1. **物件提供：** 教師所提供的物件，需依據預期成果，提供多元且便於操作，能使學生快速完成的。

2. **時間掌控**：在原型嘗試時，教師應提示學生用較短的時間先製作出接近預期結果的原型。

3. **後設提示**：教師應做為學生後設的角色，提醒學生所有嘗試皆應合乎任務的規準。

4. **觀察記錄**：教師在此時應客觀記錄學生起點行為與欲嘗試努力的方向，以便於準備提供諮詢或教學。

步驟 5——引導課程教學

切中學生需求又欲罷不能的教學引導

當學生原型嘗試之際，就像是以發明、創作、設計為開端，透過初始的 3D 作品設計來回應蘊含關鍵概念的 NBS 任務，這時「才打開教科書，從老師引導的課程中獲得優化作品的資訊，得到深入探究的方向，學生就更有能力和動機去修改他們的原始作品」（Nelson, 2022），此即設計本位學習第五步驟：「引導課程教學」。

引導課程教學的方式非常多元，可採實境參訪、充電站、專題講座、直接教學⋯⋯等方式，不論是融入各學科，或採跨領域統整活動，重點應該是切中學生需求又欲罷不能的教學引導，教師也據之以思考：為何教？教什麼？如何教？且進行統整性的學習規劃。

為了使學科領域的課程標準可以充分整合進跨領域的 NBS 挑戰任務中，尼爾森建議教師採用課程統整圖（curriculum integration chart）規劃設計本位學習課程。在一個課程主題下，教師可將預計要學生挑戰的任務寫在圖 7 倒三角形的「紅盃」（red cups），接著用 N 次貼寫下執行這項任務所需學習的課程（引導課程），每個學科領域用不同顏色的 N 次貼，各學科領域的引導課程也都清楚對應課程標準，不至於模糊學科的重點，也使跨領域的連結更清晰。

規劃好數項任務後，教師會用一個情境（如：一個城市的發展、一段民主發展的歷程、一個生態系統的運作）串聯起這些任務，使學生的探究像故事般。接著，教師就可以依任務執行所需的時間，規劃年度課程期程。尼爾森認為，這樣的規劃可以使教師嫻熟於如何在一個期程較長的課程中，精準確實的融入課程標準，學生因此可以學到基礎重要的讀寫技巧，同時發展高層思考能力。

（領域名稱）				
（指標）				

界定一個問題：

核心問題：

挑戰任務：前所未見

_____

評量規準

要	不要

引導課程教學

（領域名稱）				
（學習活動）				

圖 7・課程統整圖

真正有人關心、在乎的作品發表

歷經引導課程教學，學生獲得知能充實，再對照評量規準，便可精進原型嘗試的作品，進入設計本位學習第六步驟：「學生調整設計」。

「調整」（revise）非常重要，讓學生向失敗學習（Nelson, 2022），意識到好的設計常常是在反覆修改調整的過程中，淬鍊出前所未見的作品形式和獨特觀點，使學習處於生成（becoming）的狀態，才會讓探究永續進行，使好奇源源不斷，師生在培育好奇心（cultivating curiosity）的過程中，重新想像教與學。

學習有具體的「作品」產出也別具意義。一般的教學中，學生合乎老師的標準，完成的是「作業」；但是在策展任務學習中，有真實的觀／聽眾，學生完成的是「作品」。文化心理學家布魯納認為：

> 所有集體文化活動之主要功能，就在於生產「作品」（oeuvres）……在他們的作品生產過程中，可以給參與該集體的人得到驕傲感、認同感，乃至連貫感……集體作品產生並維持了群體的團結感。作品協助生成了一個社群，而相互學習者的社群之所作所為都不外乎此。（Bruner, 1996/2001）

因為這樣作品帶來的社群認同感，會使學生像一位創作者，主動的希望作品可以更好，精益求精。外在的「作品」還會為內在的心靈作用產製出一種記錄，讓我們因著它，更容易對我們的思考進行後設思考（Bruner, 1996/2001），學生會像是設計思考家，在擴散發想與聚斂彙整中，跌宕出更精準的構想。這些構想化為作品後，就可以進行公開發表，親臨發表現場的觀眾提供回饋，小設計思考家重新觀想當下的呈現時，也許又會有新的想法出現，這時，會重返關鍵概念的探究，再度開啟一段生生不息的設計本位學習之旅！

對教師專業發展來說，學生作品的展示與發表，也形同他們教學引導的生動呈現。教師會發現透過 NBS 任務統整出的課程活了起來，因為學生在探究歷程中，期待這一個接著一個的挑戰任務，使得他們接受改變，而且學習運用所學在真實性的產出中，體驗到一種帶著玩性的方式來尋求問題、解決問題，始終躍躍欲試的想要參與其中，甚至在時過境遷後，依舊回味再三，這對教師而

言是充滿悸動的回饋（Nelson, 2022）。

因此，當 NBS 任務與生活、議題連結，學生設計的作品將是社會參與的具體呈現，也可說是社會行動的實際展現。前述尼爾森所設計的「城市」課程中，當學生透過不同任務建構城市的時候，他們扮演著城市管理者的角色，討論協商城市運作方式，學習如何承擔社會責任，更是為社會正義做出決策，共同設計未來。學生所作所為，成為真正有人關心、在乎的作品發表。

最後，尼爾森建議 DBL 每個任務不一定都要這麼嚴謹的按照 6½ 步驟進行，但是步驟 3（設定評量規準）、步驟 4（讓學生嘗試）、步驟 5（引導課程教學），是不可或缺的。此外，由於探究的是跨領域的普世原則、大概念，DBL 模式便需要植基於專業社群脈絡，以獨特的專業整合性思維，將個別部分組合成整體；學生也會以社群脈絡為基礎，理解學習的重要性，在學習歷程中體驗思考的變動性與可改造性，學習學科領域知識，培養問題解決能力與創造力，理解自己的學習與社群的關係，也發現自己改造環境的能力。

◆ ◆ ◆

設計本位學習透過 6½ 步驟，設計出啟動使命感的學習任務，在執行任務過程中，學生像設計師一樣先進行原型嘗試，教師則依此獲知學生的學習準備度、興趣和風格，得以調整教學，設計適性的課程，使學生在心手腦交織的實作裡，發展思辨、溝通、合作、創意的基本技能，創造一個前所未見的設計。

所以，如何用設計本位學習點燃對學習的渴望呢？

——創造一個「前所未見」，點燃對創意的無限探尋。

——進行有機的「原型嘗試」，點燃躍躍欲試的自主動能。

——體驗「逆向思考」，點燃以終為始的思維翻轉。

讓我們一起設計學習，點燃更多渴望學習的心靈！

二分之一魔法
教室的實踐

撰文——吳青陵・美林國小團隊
　　　　陳偉仁・柳林國小團隊
　　　　黃楷茹・興隆國小團隊
　　　　張芝萱・光復國小團隊

第 9 章

嘉義縣美林國小 ——〔策展〕家鄉達人味

　　美林國小是位於嘉義縣溪口鄉一所偏遠小學，班級數 6 班，學區以美南社區、美北社區和天赦聚落為主，社區環境單純，民風純樸，106 學年度迄今，以「天、地、人」三才學發展成美林的課程核心思維，為因應特定教育理念發展趨勢，美林積極致力於課程整合性發展，從禮敬上天、師法自然、人我互動，讓學生在藝術美學、應用科學、設計學習等基礎上，透過實驗教育創造出美林的新價值，亦希望學生藉由設計學習主題式課程，結合手作技能、科學知能與藝術美感，進一步發展學校特定教育理念課程，並且結合在地特色，深化美林孩子們生活設計美學，而與廣達的緣分就這樣從實驗教育開始，延續至今。

#美林團隊：「無盡藏」

　　美林為自己團隊命名為「無盡藏」，除了因為學校的特色服裝背後就印著「美林無盡藏」之外，也是期許當時的自己在開創學校轉型的時候，都能發掘無盡的寶藏，不藏私的彼此互挺互助，激發無限可能，讓他人看見美林一步一步向前的無限美好。

#設計學習在美林

　　自 105 學年度起，美林開始申請進入廣達文教基金會的設計學習計畫，整理歷年來參與情形如下表：

學年度	類別	參與模式	年度議題	任務名稱	展覽名稱
105	策展	夥伴學校	見微知美	美林背包客成長壓箱寶	美林背包客成長壓箱寶
106	策展	夥伴學校	家鄉 ＿ 美	竹跡・足跡	竹跡・足跡

107	策展	夥伴學校	家鄉 __ 味	家鄉的達人味	家鄉達人味
108	數位	夥伴學校	2030	2030 年有聰明水流的天敕地區地理資訊系統	2030 智慧水流特展
109	策展	微行動	七老八十新契機	七老八十新契機 - 逆轉高齡的社會與人生之一起「變」老	愛辨老
110	策展	微行動	超潮耍老派	老頑欣藝	老頑欣藝
111	策展	微行動	無礙無齡	薆在溪口 - 有愛無齡	薆在溪口 - 有愛無齡
112	策展	微行動	韌性家園	韌性之光，薪火相傳	韌性之光 - 照見永續之路

回顧 105 學年度的美林，初試啼聲加入廣達設計學習的陣容，從「見微知美」切入，用「成長」啟動美林設計學習篇章的大門，讓學生用自己的心看到生命之美；106 年美林用「傳承」去探訪孕育社區的竹編工藝；107 年尋找社區達人「堅持」的身影；108 年探索社區「反應」淹水的智慧。這四年間，美林從自己出發，探索社區，欣賞達人，探索圍繞在身邊的點點滴滴。

109 學年度至 111 學年度，廣達設計學習以「老」為議題，美林團隊設定從「愛辨老」開始，透過思辨歷程發現愛，改變對長輩的認知，開始同理長輩，與自家長輩有更良好的互動。接著，第二年以「玩」為契機，或結合，或改良，或創造新舊遊戲，與長輩共同遊玩，拉近彼此的關係。至 111 學年度，有了前一年以玩為出發點的互信熟悉後，最終目標就是逆轉。利用 QR Code 協助長輩，建立影響自身與他人的具體行動，藉由各種巧思，跨越年齡的攜手，跨越既定的思考，跨越身分的設計～讓逆轉發生。

沉浸式的學習與生活

多年來，美林團隊在有意識的經營下，運用廣達暑期設計學習工作坊進行師資培訓，在校內已發展出一套全員投入的學習與生活模式，各學年度主導設計學習任務的教師也許不同，但人人皆是一分子，皆付出熱情與關心，一

同帶領學生積累、運用、精緻原型，經由一次又一次的探究，醞釀出獨特的滋味。

美林 ½ 魔法課程：家鄉達人味

從 105 學年度到 107 學年度，在計畫核心概念之下，美林團隊逐步為學生打造一層層向外探索的對象與場域。105 年以「成長」為核心，探索自己，看見生命之美；106 年用「傳承」去探訪孕育社區的竹編工藝；107 年尋找社區達人「堅持」的身影。這三年間，美林由內而外逐漸擴張學生的學習觸角；另一方面，當探索的對象愈見廣闊後，探究的核心也更加聚焦。

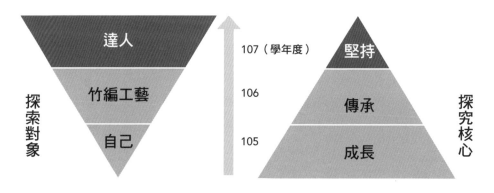

107 學年度是美林加入廣達設計學習的第三年，前一年的家鄉之美議題，讓學生以「傳承」為核心，探究社區的竹編工藝，展現出令大家驚豔的成果。因此，在面對新年度的議題「家鄉 ＿＿ 味」時，美林團隊選擇讓學生觸角向外擴張，在社區中鎖定達人進行深入的探究與理解，形成新的概念詮釋。

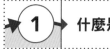 **什麼是我要教的？**

春天是百花齊放的季節，每到此時除了賞花，是美林戶外見學的季節，亦是廣達下一波設計學習的開始。107 年的春季，廣達設計學習訂定了主題：「家鄉 ＿＿ 味」。當收到廣達設計學習開放性主題任務的發布，消息就傳遍美林設計學習團隊，想法其實就在所有團隊老師的心裡轉動。

每天早上 10 點多那節 20 分鐘大下課，是老師和學生戶外運動的時間，孩子們活動，老師們除了伸展筋骨，也是動腦時刻。這段時間不長，有時候吐吐苦水，有時候聊聊孩子，有時候丟丟想法，至於帶領者就會試試水溫。廣達任務公布之後的幾週，教師們會不約而同聚在一起，說到今年是家鄉什麼味？大家第一個想法絕對是「氣味」、「香味」……從五感出發，第一次討論時總會碎念：才剛結束，又要開始了。但其實在大家心裡都為學生前一次的任務成果感到驚豔，也期待下一次的到來。

幾天或幾週後，也總會有人提出不同於直覺的想法，家鄉醍醐味、家鄉小吃味、家鄉特色味、家鄉人情味……漸漸聚焦，以人出發，用訪問讓孩子更熟悉家鄉，找到家鄉的特色。那麼到底什麼味好呢？ㄟ，是不是像達人一樣？提出這句話後，就定調了 107 年美林設計學習——家鄉達人味。

＊小眉角：提早思考，善用零碎時間討論，找人對話，不吝提想法。

2 界定一個問題

達人，是每個家鄉的支柱，存在於家鄉不同的角落。他們都擁有神秘而堅持的力量，這樣的力量是「堅辛」，展現在家鄉達人們的人生足跡中，一步一腳印的呈現；這樣的力量也是「堅心」，展現在家鄉達人們始終如一的初心；這樣的力量更是「堅新」，在家鄉達人們的工作中湧現對日新又新的追求。而透過這三種對「堅ㄒㄧㄣ」的探究，將聚焦出屬於我們最獨特的家鄉達人味！

提出一個前所未見（NBS）的挑戰任務

▶▶ **任務信**

> 各位小小報導人，你們好！
>
> 　　你們知道我們家鄉有許多臥虎藏龍的達人們隱藏在周圍嗎？有的雙手如風，在巧力的拉扯之下，一捲捲的麵線便如華髮般呈現；有的如太

極高手般，麵糰與餡料在手上搓揉幾下，一隻隻富有童趣的鳥仔餅躍然掌中；有的達人閉著眼睛就能從容編織竹藝品……這麼多功力深厚的大師們，有可能是你的叔伯、嬸嬸，甚至是你的父母親，你曾經靜下心來仔細觀察他們工作的情況嗎？

　　為了尋找與訪問這些隱藏在家鄉的達人們，在此邀請你們帶著點子筆記本，睜大你的雙眼，豎起你的耳朵，攜上你的相機，到社區去採訪、拍攝，記錄社區達人們的人生足跡。

任務一：堅辛 - 人生足跡

　　蒐集社區達人們的背景資料，擬定採訪稿後，利用你的點子筆記本、相機、錄影機，走入社區訪問達人們的生活經歷、工作甘苦談、技藝傳承故事，以及對未來的期許，返校後分享各組的採訪報告。

任務二：堅心 - 達人初心

　　利用所蒐集到的達人資料，分組討論出各達人的堅持，以即可拍照片或圖畫，與訪談後的原創文字串成達人故事，整理、彙編成一條條的相片故事河，就像無聲的影片一樣，一段接一段，圖文敘說達人的故事，展現達人的初心。

任務三：堅新 - 日新又新

　　透過展區二的文章，分組呈現各類達人工作的堅持、生活與成果，以複合媒材方式，透過達人的工作場域、物品或輕質土塑造立體作品，以複合媒材的立體作品重現達人堅持的「新」～精益求精，各組並能於箱前分享達人們的故事。

委託人

嘉義縣美林國小 校長　張志郎

廣達文教基金會 執行長　徐繪珈

　　美林國小的任務信頒發，從第一年就定型是利用公開場合進行。在美林，頒發任務信就類似誓師大會，讓大家都知道今年設計學習要玩什麼，型態從最簡單的頒發任務信，然後進化成讀任務信的內容，再來製作簡報告訴所有

人未來策展的挑戰任務，讓其他老師懂，也讓中低年級的孩子明白，這樣接到任務信時，總是會有一種莫名的榮譽和挑戰。而頒發的時間點，通常在開學後兩週左右，學生進入學習狀況，也和老師的磨合有適當程度。

任務信頒發後，其實教師們心中對於最終成果仍是無法有具體樣貌產生，只能確定規準，但就是這樣的開頭，成果卻總會讓大家驚豔。

▲校長公開宣讀頒發任務信

＊小眉角：公開場合，隆重誓師，全校皆知，不做好不行！

③ 設定評量規準

在引進任務時，團隊同時也為最終成果設定了規格與水準，這預先設定好的規格與水準將成為學生完成作品時的指引。然而，因為美林團隊獨立看待每位學生、每件作品，設定好的規格與水準，也會因教師對學生與作品的理解進行部分調修。

也就是說，在美林，設定好的規格與水準除了能提供學生作品指引外，更保留了彈性空間，更能妥適的符應每位學生！

▶▶ 規格

要	不要
• 要包含兩種「堅持」以上的概念。 • 要有立體的作品呈現。 • 作品要在模型台上呈現。 • 作品尺寸限制 30cm×30cm×30cm。 • 要給予作品一個前所未見的主題名稱。	• 物件不能被搖動而掉出。 • 不能只有平面的作品、照片。 • 模型台上不能有與「堅持」概念無關的物件。 • 模型台外不能有其他的物件。

標準	再想想的水準	可發表的水準	專家的水準
設計概念	作品沒有呈現「堅持」的概念。	提到「堅持」的內涵。例如：發現差異、拼貼照片。	將「堅持」的概念轉化為象徵的作品，例如：符號、線條、立體造型藝術。
作品呈現	• 不符合尺寸限制。 • 只有平面的作品、照片。 • 作品與主題沒有相關性。	• 有立體的作品，且具體符合主題。 • 作品符合尺寸限制。	• 作品運用抽象或象徵方式詮釋主題。 • 作品與主題有密切相關性。

4 ▸ 讓學生嘗試

　　收到任務信後，學生開始走出校園，踏入社區，進入人家，拜訪達人，向其取經，聽達人訴說過往點點滴滴的故事。從小時候的成長，一路說到學習的歷程，最終自己的事業，那一點一滴的足跡，小小報導人透過訪談，記錄達人娓娓道來人生的苦勤，體會那一步一腳印。

◀▲ 採訪布袋戲布景達人陳明山

利用訪談所蒐集到的資料元素，回頭再次反芻，達人的過往，對產業的用心，從平面到半立體思考，就像河流與時間流淌一樣，涓涓的串起達人的前塵往事，將達人的故事再現，完成相片故事河。

▲ 學生將家鄉達人味的採訪整理成傳記

　　在這個階段，學生將蒐集到的資訊開始轉化成作品，進行原型嘗試。同時，美林團隊教師也利用課堂帶領學生思考要完成任務所需的技能。在家鄉達人味中，第一個面臨到的重要挑戰，就是學生採訪功力。但什麼才是真的深入採訪？要如何採訪？在社區要怎麼做？對老師而言也是一門新的學問。美林團隊採用的策略是邊做邊學，學生練武功的同時，老師也一起學習。

　　關於訪談，美林團隊除了向專門做社區採訪的專業人員（同時也是學生家長）請益之外，也邀請到校園分享其採訪過程與經驗，於是這樣的學習所得就留在美林的設計學習 DNA 中。

＊小眉角：利用原型嘗試盤點孩子最需要的技能，尋求高手，老師也練技能。

詮釋採訪的達人，演繹自己的作品：

1. 如何形成有意義的問題

2. 如何形成有代表的作品

▲（左）主題：碗裡的秘密；（右）箱展：菜餚乾坤

▲（左）主題：忙忙勾勾；（右）箱展：千手分身

▲（左）主題：布景人生；（右）箱展：造畫

▲（左）主題：罐頭花是珍寶；（右）箱展：村莊發明家

▲（左）主題：粗重幼路；（右）箱展：抹刀功夫

▲（左）主題：新年到豬年到；（右）箱展：豬群來了

▲（左）主題：小蛋大幸福；（右）箱展：火鍋上的食「玉」

不管是寫文章、畫畫、創作影片或完成立體模型，如果只是隨意想像，對學生而言都很遙遠，因此美林團隊操作設計學習任務，總是奠基在諸多素材，旁徵博引。

　　請學生運用點子筆記本記下從練武功到進行任務的大小事，採訪時記錄對話和想知道的事件，省思達人的特質，也把自己的感受寫到點子筆記本，老師適時在學生的筆記本給建議或眉批，所有這些蒐集來的素材都將成為學生未來展品的養分。

　　在家鄉達人味任務中，學生需理解家鄉達人的「堅辛」、「堅心」與「堅新」，在三層次的探究中，美林團隊教師隨時傾聽，用心理解與陪伴，準備各項資源，當學生有需求時，立即投入，進行引導。教與學，在點子實驗室中不斷交融共構。

＊小眉角：引導學生解任務由簡入難，旁徵博引點滴記錄到點子筆記本。

6　學生調整設計

　　進入這個階段，對美林師生而言是最難熬的，作品精緻再精緻，淬鍊再淬鍊，一一考驗著學生的耐性與教師的拿捏。在蒐集資料後這一階段，學生開始口說或繪製展品雛形，可能是很簡單的線稿，但卻有著滿滿的創意，師長們都會盡心傾聽孩子敘述的內容，為什麼要這樣做？用什麼材料呈現？可能會有多大？互相討論，也互相提問，全班師生都在一起，彼此皆獲益。

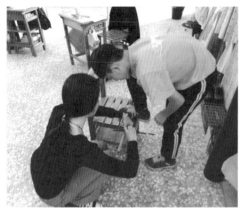

▲ 學生開始進行展品修正與精緻，透過與同學、老師的討論，淬鍊作品

　　此時，規準提供學生遵循的大方向，而美林團隊的教師則是依學生能力與專長的不同調整彈性，引領學生細部展現，學生也自發性的將作品進化，達到精緻再精緻。

　　由於美林學生的展品是每個人獨樹一幟的，要自己一手包辦，便不需跟其他人比較優劣或快慢，所以美林團隊的教師也是獨立看待每件作品。其中有一

件「粗重幼路」（編註：此為台語用詞）是介紹社區土木達人，參與社區大大小小的泥作工程，但做這件作品的學生美工能力較弱，雖然用心，效果總不到位，最終和師長討論後，以重現達人磚牆當作品。在製作過程中，他是耐著性子一小塊一小塊剪著 1×2 公分大小的紅色壁報紙當紅磚，然後再一片片貼在全開的壁報紙上當砌好的紅磚牆。這件事對其他手巧的孩子看似簡單，但對於不知如何簡化製作程序的他卻無比困難，只能以最簡單卻耗時的方式進行，而當他自己完成那份壯舉時，臉上的笑容是充滿自信的。一塊一塊重現出土木達人砌起的磚牆，雖然不是創意與轉化，卻再現了達人的堅持與辛苦，除了訪談，也身歷其境克服那道眼前的高牆。

而另一件作品，學生訪談的對象是「人事達人」，對於作品的想像會更難形塑。訪談後，學生對於相片故事河的雛形開始有了想像，除了可拍到達人影像與工作環境之外，她決定根據採訪稿，繪製與想像訪談的點點滴滴，利用小人偶的圖像，開始創化其作品，至於作品的好與再精緻，只要達到規準後，就開始自我檢視可以如何進化。她在自己作品想好後，就開始幫同學的忙，想法也像雨後春筍般地湧現。

在這期間可以看到學生的熱誠，對於創化文件與物品的想像，幾位六年級的學生一起討論，一起思考，一起編修作品，更主動的分享構思，一有雛形就會和老師分享。這樣的互動之下，永學主任說：「師

▲ 社區人事達人的相片故事河

生已經打破那無形藩籬，給予意見變得很容易，也很有意義。」

於此階段，美林團隊善用點子實驗室的空間，教師會依學生需求盡力滿足所需材料，當學生第一次的創作後，對材料展現出的狀態不滿意，教師會立刻補足所需，使學生能立即著手進行第二版、第三版。無形中，也使學生的熱度不減，得以持續燃燒。

＊小眉角：傾聽孩子想法，像朋友一樣給意見，互相鼓勵也吐苦水。

永學主任表示：「當開始想到要在哪裡布展時，就是快接近尾聲了，咬著牙再堅持一下，107 年的設計學習就像達人的堅持一樣，在開展前兩週，我們看到孩子醞釀已久的能量瞬間爆發出來，那種感動真的是畢生難忘！家鄉達人味在最後兩週時間，我們投入大多時間在展品精緻形塑，有之前採訪達人與課堂討論的底蘊，這兩週成為關鍵時刻。如果有人說美林老師是很有創意的一群，那麼我們必須說，孩子那超越束縛的想像才是這些創意的來源。」

▲ 展場充滿學生滿滿的創意，開展當天更有許多被訪談的達人蒞臨參觀

作品一次又一次的修正，其實花了許多時間，而緊接著就是最終策展。但美林團隊其實在學生作品反覆修正的歷程中，就已經悄悄帶領學生醞釀最終策展。每忙完展品的一個階段，學生與老師就開始想像展覽的空間全貌、分布、燈光、動線……。當展品完成後，師生開始共同布展，

掃我看線上展覽

有些學生可能還繼續精緻自己的作品，有些學生開始整理環境，有些學生則增添角落創意，大家一起努力，一點一滴構築屬於美林獨特氣息的展場。

美林的六又二分之一歷程，師生形塑夥伴的互動關係，來來回回中，演繹出水到渠成卻又無比深刻的作品。

學生回響：設計學習，讓自己變更好

在家鄉達人味任務中，參與的學生也有許多收穫，細分如下：

1. 學生從過程中學習到思考

- 有時候與其絞盡腦汁拚命地想，不如先去做其他的事，搞不好可以從中找到一些靈感。
- 有些事情不一定是自己看到的那樣子，所以別人給建議，還是多少要聽一下，但是也不要對別人說的言聽計從，還是要有一點自己的想法，不然這次的任務就沒有任何意義了。

2. 學生依循任務需求學習到表達

- 我學了很多關於採訪的知識，例如拍照片要遠、中、近、特四步驟，採訪前先寫要問的題目，還要模擬練習，事前的禮貌也是很重要的。
- 能更直接的表達我所要做的事，也可以馬上進入狀況。想想以前我總是要講很久才能明白別人的意思，現在比較快了。

3. 學生也在執行中學習到行動

- 做事情的速度變快了，會善用手邊東西下去做改變，變得比較敢發問，比較能臨機應變。做事情前要先想好再做，比較不浪費材料，會用僅有的材料去做出自己想要的東西，再去買一些材料來補就好。頭腦變比較靈活。
- 在思想方面獨立了，許多個設計和解決問題都要靠自己，老師只會在旁協助。

設計學習參與歷程——美林教師的觀點

#緣起～求改變

最初美林主要走的是美林背包客的課程，用樂團、學習到的事物，去和其他學校交流分享，也到各地去體驗學習。後來為了訓練孩子們的口語表達，還有增加當時欠缺的美感與創新，因而申請了廣達的「游於藝」與「設計學習」，當初沒有人搞懂設計學習是什麼，是直到第一批教師師訓，帶領課程的過程才懂，但聽到廣達加設計學習的名號，就會主觀認為跟藝術和設計創作有關。

此外，因為美林國小要做實驗教育，需要改變的力量，而最重要的力量是老師，為了要打破教師的固有教學框架，創發出新的課程，有師培的計畫是最吸引美林的。不過有些師培時間過長，例如一個禮拜或一個月，剛剛好廣達的游於藝一天，設計學習三天，最適合剛開始要突破課程限制的美林。慢慢轉變是美林做實驗教育一直以來都使用的心法，緩步穩健地向前行，因為這樣的機緣，這計畫被當初美林的夥伴看見了。

———— ◆ ◆ ◆ ————

為什麼後來會用設計學習做為實驗課程呢？

美林第一年執行設計學習時，學校尚未進入教育部審核的實驗教育，而是縣級認定的行政創新實驗教育，在經歷一年課程的調整，第二年學校以打破課程框架的結構申請進入了教育部的實驗教育，當時曾經討論過諸多的課程如何融合，如果以終為始來看孩子的成長，那麼策展將是美林孩子最終能力的展現。因此，想從美林背包客融合訪談蒐集資訊，最終扣合設計學習策出一個前所未見的展覽。

這樣的想法醞釀也測試了一兩年，實驗教育在美林的第二期，也就是第三年要申請計畫時，以天地人三軸核心演化學校課程，演化出「天」-見學課程、「人」-竟心課程、「地」-設計課程，就這樣一步一步穩健地用設計學習做為實驗課程。

當然，團隊接受的過程，絕對不是一朝一夕，而是一來一回千百次。永學主任回憶當初推動設計學習的心路歷程，「我們跳進去做，又跳出來看，常常在週三課程對話或私底下的課程對話會有些聲音，質疑這樣的道路是否

正確，質疑我們排定的課程內容，質疑我們調整的課程步伐，但大家一致都可以接受的是孩子的成長與轉變，看見孩子創新思考與邏輯進化。」加上美林讓更多老師參加師訓，理解設計學習的課程，漸漸老師也打破自我設限的課程框架，融入了這一場實驗課程，把所有實驗課程認真想過，認真討論過，認真調整過，於是大家最終都是認同理解，然後開始有意識無意識地運用了設計學習的教學心法。

#卡住了嗎？帶著熱情，我們一起分享與創造

設計學習中，其實會有些關卡的存在，在賦予學生任務時，學生打從心裡接住了嗎？面對實境任務，明明有豐富的資料，但如何讓學生有感覺、有共鳴？要形塑作品時，學生心中的想望，如何符合規準具體實現？最終策展時，如何匯聚眾人的想法，創造出前所未見的概念展現？

抽絲剝繭後，美林團隊解決這些挑戰的方式歸納如下：

1. 老師撩下去

永學主任分享，在「老頑欣藝」課程中，雖然有豐富的資料，但學生與長者的成長年代相距太遠，因此無法真正感受舊時的童玩。於是，有老師率先分享自己小時候的遊戲，帶著實物，解說製作方式，並分享玩的感受；也帶著學生洗愛玉、做古早冰，進入舊時空，幫助學生順利進入情境中。

慧琦老師也說：「我會先分享自己的感受，跟孩子講說我們剛剛活動的時候，我發現哪一件事情。不管再細小，再不重要，我都會想跟他們分享。」

當老師也是這課程的一分子時，對學生的難題展現出同樣的苦惱，也貢獻自己的觀察啟發學生思路，更能促發學生向前邁進的動力。

2. 永遠在進行的分享與交流

同樣是「老頑欣藝」課程，永學主任也分享當學生已知長者以往的童玩後，發現學生並不知道有些東西長者已經不能玩了，於是教師請學生在設計出一個新玩法後進行發表，由其他的同學進行回饋。同學們貢獻自己所知，並提出可以怎樣改進，給予創作者新的觸發，找到路徑能夠持續精進。

景宏老師也分享一個例子：「有位學生原本的最終作品很直觀，很快就做完了，就是把書設計放大，以窗型呈現，在每張他所繪製的圖案後面放入資料。高興的完成後，他就開始去幫同學畫畫，他的圖還蠻富童趣的，

但在幫助同學時發現大家做的作品都好有趣。

「他很失落的對我說：『老師，我的作品一點都不有趣，怎麼辦？』聽到這句話，我非常的高興。對，就是這樣，當一個不大願意提起興趣的孩子在觀摩與製作作品後，能夠知道這件事情並勇於表達，我覺得我們的活動成功了，我真的好高興，這就是見賢思齊！但是他畢竟時間和能力都有限，我就問說：『那我們要怎麼樣讓你的作品更有趣？』

「我們仔細檢查他的作品，讓他增加在地元素，他也順利從之前拜訪的老人學堂中發現他們曾有的精采表現，並將長輩舞獅的表演畫出來，外掛在原先作品之上，也讓他的作品更貼近在地。」

▲（左）學生與教師相互分享點子來豐富作品內涵；（右）教師撩下去，師生共同為任務努力

當學生遇到難關時，鼓勵學生說出來，釐清自己的困難點，也利用這樣的機會，鼓勵大家給予建設性的想法支持，在你一言我一語的過程中，想法被整理過，並且被加持過，關卡似乎也就不再那麼難了。

此外，教師在課程中認真觀察學生的反應、說的話，想法是什麼、參與度如何……，於課後團隊聚在一起分享看到的、想到的，或是能再做的。在學生沒看到的時候，教師持續弭平難關。

3. 從身邊找解方

有時，學生的卡關無法即刻找到相應的對象詢問或解決，此時可以運用身邊資源替代。永學主任曾舉例，有次當學生設計出遊戲，卻不知道是否貼近長者，大家就想到與長者更貼近的是一年級學生，於是就找了一年級的學生來體驗、試玩，更能發現問題。而曾經也有學生想要製作的作品一直無法達成自己想要的效果，老師和同學都努力幫忙想，卻始終無法突破，最後，想到學校的

校工，兼具長者與專業兩大特性，透過與其互動，學生除了對長者觀感有了改變之外，還一起修正自己的作品。

4. 善用點子實驗室

永學主任認為最卡的就是孩子經歷任務後，最後要醞釀、凝聚出作品進行策展。解決之道，除了先帶孩子進行回憶之外，他提點：「只要有廣達設計學習，就有一個點子實驗室，那個點子實驗室有時候就是在你的班級。孩子的作品都在這裡呈現，即使有時做到一半，老師不會說『趕快收一收，我們待會兒這邊要淨空』之類的，我們會讓他的熱情在這裡持續加溫，東西在這裡保留，然後想法延續到下課的時間，彼此經過這裡時，就會想一下，我可能會再加什麼啊？其他人看到別人的作品放在那邊，自己會有想法，他有可能想法又會丟給創作者，然後就產出更棒的東西，所以熱情我們會在點子實驗室持續加入。」

#學生的成長展現於生活，有耐性的打磨自己

彥輔主任指出：「我們期待美林的孩子能夠用整個生命的長度來做學習這件事情。我們撒下學習種子之後，陪伴他們，在生命學習的歷程當中，能夠找到他們自己的定位，然後發揮他們無窮無盡的潛能，讓自己發光發熱。」

於是，一位來自美林的孩子認為，老師的陪伴如同互助一般，像是彼此都一半一半。因此，每位同學都很努力，朝目標前進，不會想放棄。

而永學主任就發現了，美林的孩子最大的成長就是耐性增加，願意細細打磨自己，展現於生活的每一面向。

#未來，朝更細緻的觀察邁進

設計學習在美林是件自然而然的事，教師團隊已習慣彼此討論，以互相支持的方式前行，無形中，也是這樣在帶領學生。只是學生在初始還需要教師多花心思觀察、理解、引導，因此，永學主任期許未來，能將對學生的觀察更加精細化，更深刻的理解學生。

美林教師團隊彷若使用了珍貴的緙絲工藝，以每年設定的任務與規劃為經線，精心搭配教師的陪伴提點、學生的回饋與創意成為獨特的緯線，一絲一絲縝密交織成前所未見又難以切割的美麗畫面。

學校整體的運作，就是設計學習，無論是校長帶領教師的風格，抑或是教師引導學生的方式，全校都在實踐設計學習。因此，在美林，已然形成一種習慣，一種自然而然的氛圍。

＃課程進行中自然形成的 4C

美林團隊設計學習課程建構出的模式，在課程開始時，都會先給學生一個訪談的機會，讓學生有機會面對面得到第一手的資料，再回到課堂上透過撰文提出想法，而後進行轉化，轉換思考，重新詮釋。在一次次練習中，學生鍛鍊出思辨能力。

當這些詮釋要以具體作品展現時，就是發揮創造力的時候，而在這樣的過程中，學生經由不斷的分享、對話、回饋、自我反省，然後再次的分享、對話……，自然而然的，就有了溝通力的提升，也順帶使關係更加靠近，在彼此緊密連結之中學會合作，展現異同並存的群體風貌。

#當我們同在一起引動 1/2 的魔法

美林的 1/2 魔法，其實來自教師觀察與分享。教師透過細膩的觀察，看見每個學生，理解學生會想要學什麼；透過提問與陪伴，與學生攜手進行深層的探究、發想；當學生有時較無法立刻進入情境，產生興趣，教師會率先分享自己的想法與情感（通常是熱情），學生在這樣的氛圍下，也自然而然的伸出試探的觸手，連結互動。老師的熱情會帶起學生的投入，製造親身感受的機會，不斷分享自己的經驗並鼓勵學生也提出自己的感受，在持續的熱情引動、交流回饋與體驗感動中，學生不知不覺的有了自己的感覺，也對任務有了共鳴。師生同心協力，讓學習歷程更加豐富而圓滿。

#以終為始，重點其實是歷程

美林在計畫正式申請前，教師團隊就已經花了大量的時間進行討論，凝聚想法，因此，團隊中的每一分子都能清楚理解想達成的理想與設計學習的目標。當目標如此清晰時，學生在歷程的學習就顯得格外珍貴與重要了。師生將策展設定為必做的事，對話、討論、思考的焦點全都是醞釀的過程。在這之間，教師更有意識的去觀察、去引導；而學生，在有意識與不知不覺間養成學習的習性，如肌肉反射動作般的學習如何學習。

#不只是陪伴

因為尊重，所以看見；因為被看見，所以願意。翻開美林國小學生的點子筆記本，會發現美林的學生能夠一遍又一遍精修自己的理念與觀點，有時更改之處並不多，但學生仍願意字字句句重新寫過，讓人讚嘆。細究發現，此非個例，這發生在眾多學生身上。

因為美林團隊的核心思想是尊重，教師尊重每一位學生，故而花了諸多心思去理解學生，從學生說出的、寫出的、表現出的種種跡象去深度理解，針對個別學生給予個別的回饋，並擊中學生在意的點，引發學生精進自己的需求。而教師總是在的，在學校的每處，在學生有需要的每個時間點，只要學生提出，隨處隨時可討論、可分享。教師尊重每個人，也帶領學生欣賞不完美，創造更多的可能性，因此，學習的美好，在這裡孕育成林！

★ **設計學習一句話**

在和孩子一起探索與思考的過程，享受設計學習之美，創造無限可能。

★ **給就要嘗試設計學習的你**

別擔心，鼓起勇氣，做就對了，我們都在，全力支援！

第 10 章

嘉義縣柳林國小——〔策展〕微美拾光

　　嘉義縣柳林國小安安靜靜地座落在嘉義縣市的交界，平時上課期間，學校正門並不開放，反倒是鄰近水上鄉立圖書館的側門始終開放著，跨過低矮的仿木小柱，拾階梯而上，就進入這所位居都會邊陲的學校。

　　柳林國小學生大多世居於學校後方的老舊社區，學校端形容，那是個在空中彷彿停格之處，不那麼敏覺於外界時空變化，高比例的教育優先區數字——53.8％，意味著社區亟待轉型活化，學校也面臨環境老舊、少子化、弱勢家庭居多的衝擊。

　　一位在柳林國小任教多年的老師深深覺得：「在縣府學力評比壓力下，我們的教學風氣還是比較著重在一般學科，又要兼顧學生課業，也要配合學校交辦事項的多重壓力下，我們真的很忙碌」，老師們也就順隨外在環境要求，自主性沒那麼強。

　　柳絮，仍會因風起。不忮不求的氛圍下，若有人一呼，基於情緣，本於專業，發自對學生的真心關懷，仍有一群自然相助的老師們默默且殷實的展開教與學的創新，質老師 1 邀集的「漸入佳境」團隊，就是其中的一個例子。

#柳林團隊：「漸入佳境」

　　學校氛圍雖然保守，教師們也感覺到整體專業自主性不足，但「設計學習計畫」在柳林國小執行的這幾年，卻似乎為學校泛起不同的漣漪，婷老師發現因為執行設計學習計畫，老師們在幾次週三下午進行的團體對話，帶起學校教師社群的雛形。站在行政端立場，身為教學組長的嘉老師發現校內老師其實覺得學校是一個大家庭，有了行動的目標，彼此之間會自然而然的相助，當質老

---

1 本章的人名皆使用化名。

師和社群在執行課程「發出求救訊號」時，有些沒有直接參與設計學習計畫的老師們，也會像有形的、無形的資源，文筆好的老師就會跳出來幫忙寫一段展覽理念，需要自然學科豐富學生的探究時，對生態很有一套的老師也欣然同意前來協助。

學校教師間的自然相助，一直是質老師繼續走下去的能量，時常相挺的婷老師形容質老師是肯幹實幹的駱駝，質老師則將自己定位成工頭，透過這個發布工的角色，負責整體規劃。嘉老師以「接力賽」形容柳林教師社群間的協同：「有點像接力賽似的，老師你執行到哪你告訴我，我就用我的課程，我的課堂時間，去做他還沒有做好的事情」，老師們也發展出他們的「接棒」方式。簡單的說，質老師以發布工般的整體規劃，使得老師們間，願意接，有意願才會想做；可以接，感覺到自己可以，才會想要試試看；接得好，想要做得好，才會有品質出現。

質老師曾在 108 學年度設計學習計畫期末論壇中，以「漸入佳境」點出師生共創其實是這場「接力賽」的核心：

> 我們的團隊特色的名稱，就叫做「漸入佳境」，因為我們整個做任務歷程，花了很久的時間，這屆的孩子需要很多引導，才能夠讓他們慢慢地到達一個比較好的境界。雖然說歷程中真的是非常辛苦，真的是在最後展覽的時候，他們最後有達到這個「佳境」，就算平常的表現沒有那麼好，其實學生他們都還是可以做得到的，所以我們團隊特色的名稱就是取作「漸入佳境」。

#設計學習在柳林

柳林國小目前參與了六年設計學習計畫（見表 1），從「光常在」、「愛遊柳林」、「微美拾光」、「2030 健入佳境」、「有求必應-人生妙方」，到 112 學年度的「期～碰碰！」，每一年的學習任務都讓師生印象深刻。質老師強調任務要跟學生的真實生活有關，引導學生走出校園進行田野踏查、訪問真實人物、結合專家講座，學生在歷程中體驗感興趣或少見的籤詩、絹印、集體創作、校園裝置藝術……等，這些創意產出是教師團隊帶著學生一步一腳印，從無到有慢慢建構出來的心血結晶。

學年度	類別	參與模式	年度議題	任務名稱	展覽名稱
104	策展	夥伴學校	光	光常在	歡迎「光」臨柳林特展
105	策展	微行動	見微知美	愛遊柳林	愛遊柳林
106	策展	夥伴學校	家鄉__美	微美拾光	微美拾光
108	策展	夥伴學校	2030	2030 年「健」入佳境	2030 心轉變
111	策展	夥伴學校	無礙無齡	有求必應 - 人生妙方	望風解憂 打開心房妙方
112	策展	微行動	韌性家園	期～碰碰！	超～韌水上～吉祥物特展

表 1．柳林國小參與的設計學習計畫

柳林 1/2 魔法課程：微美拾光

社區，是柳林師生感知生活，找到價值，甚或重塑生命的場域。

設計學習計畫 106 學年度主題是「家鄉__美」，柳林團隊教師延續前兩年經驗，仍以社區為課程設計場域，並思考這個社區有什麼特色？社區美嗎？美在哪裡？

多數老師不約而同的說：「最大的特色就是沒什麼特色」，學生生活也多半圍繞在學校、家庭間，對社區沒什麼感覺。

柳林團隊教師認為，既然社區給人的直觀印象是缺乏特色，而且多數柳林人對社區也顯得無感無知，「美」剛好給了師生重新看待社區的角度，說不定孩子們會更了解自己的社區，會更深入這個社區，找到翻轉既定印象的原動力。

而且質老師以為課程實踐重點，在於「你的問題到底是什麼，你能不能找到一個你覺得可以做到，然後又能夠讓學生覺得想要有動力去做的那個問題」，引導學生說一個習以為常但實則不凡的柳林故事。

實際可行且讓學生充滿探究動力的課程意識牽引著柳林團隊，幾經討論，團隊將課程命名為「微美拾光」，就是希望學生可以從細「微」處，發現社區人事物的「美」，「拾」起社區中多人未覺，但實則耐人尋味的美好時「光」。

1 什麼是我要教的？

柳林團隊教師進一步探問：如何聚焦「微美拾光」課程？

參照設計本位學習架構，柳林團隊在 2017 年暑假三天密集的工作坊中，回歸學生學習本質，深入思考學生在課程中要探究的關鍵概念，藉以聚焦「微美拾光」課程。

雖然有第一版課程規劃，但是學習任務之間缺乏連貫性，學生只是發散的在每個任務中產出作品。柳林團隊再次「燒腦」，漸漸抓出「珍藏」為關鍵概念，透過尋覓、走訪、收藏的歷程，並策畫一個前所未見的「微美拾光」特展，珍視社區人事物的美。團隊教師也預想展區名稱為：尋覓時光——記錄家庭生活的最好時光；走入時光——走入社區居民的記憶時光；收藏時光——收藏家鄉的美好時光。

關鍵概念促發小而深的課程意識

回顧這個以「珍藏」為關鍵概念，落實「小而深」的課程，質老師發現，其實小小的，真的要深入，也已經很多可以做。有別於第一年「光臨柳林」的課程是「很多樣，然後每一樣都要花很多心思去做，就覺得分身乏術」，聚焦清晰的關鍵概念，反而可以讓師生獲得有方向又有詮釋空間的著力點，教師清楚知道不同課程產出間的統整脈絡，對學生來說，關鍵概念成為深度學習的意象鷹架，得以在凡常的探究中咀嚼出不凡的滋味。

2 界定一個問題

家鄉裡有什麼值得「珍藏」？

時光移轉，柳林社區漸漸凋零，曾經車水馬龍，人聲鼎沸的百年雜貨店，今非昔比，熱鬧不再；街上過去榮景也不堪回首，只剩耆老們午後悠悠的坐在木椅上，環視稀稀落落人跡，悵然慨嘆時移境遷。

▲採訪社區雜貨店爺爺

　　「微美拾光」課程以「珍藏」為關鍵概念，試圖從「美」的角度，翻轉學生對家鄉日漸凋零的既定印象，引導學生探究：家鄉裡有什麼值得「珍藏」？期待學生真正理解家鄉，培養家鄉情懷，找到社區值得「珍藏」的價值，或許將來還能夠為社區創造新氣象、新契機。

　　字面上「珍藏」就是妥善、慎重的收藏。收藏的事物可能有形，或許無形，但對於收藏者來說，必然有獨特的意義和值得珍視的價值。柳林團隊教師以《國語日報》上登載作家張曉風所寫的故事〈祖母的寶盒〉[2]為媒介，引導學生探尋生命中什麼樣的事物值得珍藏？如何界定事物的價值？有什麼方式可以收藏值得珍視的事物？

2　《祖母的寶盒》是張曉風的兒童文學作品，1982 年 1 月由信誼基金出版社出版發行。2017 年 8 月 16 日起，曾在《國語日報》的「曉風教授說故事」單元分三次連載。

用大師作品自然媒合學生經驗和關鍵概念

歷經「光臨柳林」、「愛遊柳林」課程實踐，柳林團隊教師深切感覺到「自然媒合」學生具體生活經驗和抽象的關鍵概念，需要有方法的引導和貼切的素材。

嘉老師原本在引導學生理解關鍵概念「珍藏」時困難重重，學生可能很直觀的覺得有趣、好玩的東西就值得珍藏；或是認為那些很值錢的東西，就是應該獲得珍藏的無價之寶；也有為數不少的學生說不出所選的事物為何值得珍藏。同儕教練桂老師適時提供〈祖母的寶盒〉一文，這是篇深入淺出傳達珍藏概念的大師作品，嘉老師善用此文本，提出引發學生思辨的好問題，拓展學生對「珍藏」概念的理解：

- 這些東西對奶奶來說什麼地方很珍貴？
- 這些東西很值錢嗎？如果不很值錢，為什麼值得收藏在寶盒裡？
- 奶奶收藏在寶盒裡的東西是有形或無形的？東西的形式重要嗎？
- 你自己有沒有想要珍藏的東西？為什麼它值得你珍藏？

 提出一個前所未見（NBS）的挑戰任務

聚焦「珍藏」為關鍵概念，定錨「家鄉裡什麼值得『珍藏』？」為待探究的問題之際，柳林團隊教師整合出一個給學生的策展任務，賦予學生「拾光探險家」的角色，請校長頒發任務信，期許這群拾光探險家仔細尋找，用心體會家鄉值得珍藏的人事物，並運用策展的形式，提出他們珍藏家鄉之美的獨特觀點，翻轉人們對家鄉落寞凋零的既定印象。

▶▶ **任務信**

嗨！各位拾光探險家：

我們的家鄉隨著時光流轉，漸漸凋零被忽略。從臺展三少年與當代藝術家的作品中，看到他們表現出關懷家鄉的種種觀點和情懷，接下來

你的任務是向大師學習如何保存家鄉之美，仔細尋找，用心體會家鄉值得珍藏的人事物。這些都與我們的生活息息相關，也承載許多美好的回憶，透過對社區的探索，學會珍藏家鄉的美好時光，並為所有柳林人策畫一個前所未見的「微美拾光」特展，和大家分享你的感動。

任務一：尋時光特展

　　　　回憶是生活片段的累積，是無價的寶藏。請你們一起找尋隱藏在生活中值得珍藏的時光，策畫一個前所未見的「尋時光」特展。

任務二：訪時光特展

　　　　社區沒落、居民高齡化的趨勢無法改變。請你探訪社區的巷弄、老屋和者老，了解社區的變遷和故事，發掘其中值得珍藏的人、事、物，策畫一個前所未見的「訪時光」特展。

任務三：藏時光特展

　　　　請你拾起家鄉被遺忘的美，放入時光寶盒中，策畫一個前所未見的「藏時光」特展，讓所有的人都可以銘記家鄉之美。

　　　　　　　　　　委託人
　　　　　　　　　　嘉義縣柳林國小　校長
　　　　　　　　　　廣達文教基金會　執行長　徐繪珈

3 ▶ **設定評量規準**

　　拾光探險家在「微美拾光」策展任務中有階段性產出，包含個人珍藏事物的肖像畫、社區人物採訪後的專訪海報，收納實體物件的拾光寶盒，以及將前述作品統整展出的展覽。柳林教師團隊為「微美拾光」策展任務的每個階段性產出設計了評量規準。

　　值得關注的是，前述嘉老師對學生個人珍藏事物的引導。為了讓學生思考更深入，而不是表面東西，嘉老師以〈祖母的寶盒〉這篇大師作品為鷹架，動態調整原先預設的「規格」，讓評量更貼近學生理解，又同時挑戰學生：學生

需要用一段故事把這個東西和他們的關係說出來。這是一個運用評量規準讓老師想清楚，也使學生思考能更深入的教學實例。

> 看完〈祖母的寶盒〉一文，請想想看文中祖母收藏的物件雖然不值錢，卻各自代表與家人或自我成長的軌跡。如果你也有一個寶盒，你想要收藏什麼物品呢？除了「有形」的一張照片，也可以是一首充滿意境的歌詞，或是一則多年前曾親身經歷的事情……等「無形」的事物。請將它畫下來，並說出你珍藏的原因，提醒你，需要符合以下規格：

要	不要
• 要是具有故事性的物件再珍藏。 • 要能說出物件與自己的關係，以及背後代表的意義。 • 要和自己或家人的生活、成長背景有關聯。	• 不要只是因為物件表面價值高而收藏。 • 不要只描述物件外表的樣子。 • 不要就物件本身的功能和價值說明。 • 不要是沒有任何原因的主觀感受（例如：我就是喜歡）。

4 讓學生嘗試

策畫一個前所未見的展覽是「微美拾光」課程最終學習結果，有趣的是這群拾光探險家歷經兩次策展，第一次的展覽成為第二次展覽的原型嘗試。

第一次展覽在「展名構想」、「展區形塑」階段，多半由教師主導，最終以「微美拾光」為展題，分為「陪伴阮的物仔」、「上蓋寶的物仔」、「想起彼當時」三個閩南語發音的展區。展覽過後，質老師提出心中一直以來的懸念，「很希望可以真的讓小朋友來策展」，帶出學生觀點。

即「感」即行的質老師於是帶領團隊教師同樣以「珍藏」為關鍵概念，引導即將畢業的六年級學生，選擇柳林國小生活中的幾件大事，融入纏繞畫中，圖文並茂的說出代表學校生活的故事，策畫一個告別童年的展覽。

經由師生共構，「微美拾光」第二次展覽於焉誕生，展名是「展翅飛翔的兒時回憶」，分為三個展區：飛越阻礙、友你真好、留住童年。質老師很開心的說：

「這次真的有實現讓學生自己把展名、展區名訂出來。他們自己規劃出展區的意象，都有孩子自己的巧思」，成為非常獨特的課程延伸。

▲「微美拾光」第二次展覽

▶ 展區「留住童年」
纏繞畫自畫像

文本探析

閱讀〈祖母的寶盒〉一文，理解值得珍藏的物件背後有其故事性

第一次展覽　　　　　　　　　　　　　　　**第二次展覽**

物件賦義
- 物件選擇
- 物件故事書寫
- 物件繪製
- 為物件下故事標題

學生從生活中選出想珍藏的物件，並繪製成小卡

在藝術筆記本上寫出物件故事，並給定故事標題

建構物件選擇規準

理解關鍵概念「珍藏」

學生在藝術筆記本寫出六年柳林國小生活中想珍藏的事物

從所寫事物中選擇關聯性較高，且真的很想珍藏的事物

繪製纏繞畫且將主題事物凸顯 ⟷ 將畫作寫成小短文

展名構想
- 學生發表物件故事
- 歸納故事標題成類目
- 集結類目形成概念
- 概念轉化為展區名

列出所有物件和其標題

全班討論物件可分為哪些類目

教師將師生分出的類目歸納為數個概念

教師提出可能的概念寫在黑板上

每位學生發表物件故事，並提出所屬的概念

所屬概念適切　　所屬概念不適切重提所屬

教師再將概念進行歸類，形成三個主要的概念（想念、陪伴、傳承）

A 班全班發表小短文

質師請 A 班直接分類，發現學生挑教師稱讚者的標題來分類，而非標題內涵　　請 B 班發表小短文

B 班每組學生拿全班標題進行分類

請 A 班就 B 班所提的類目，歸納成三個主要概念，形成展名

展區形塑
- 優化展名
- 形成展題
- 依據展名放入物件
- 形成展區敘事文本
- 演練展區導覽

學生依據概念意涵，再次放入物件，成為展區展品

學生分組討論物件如何串聯成故事 ⟷ **教師優化主要概念，改為閩南語**

確立展題，**教師撰寫策展理念**，學生繪製展覽宣傳海報

老師斟酌後留下當中的兩個展名，**請 B 班修改另一個**

師生共同討論每個展名的意涵，並協商每位學生的纏繞畫所屬展區，使之平均

班級認領展區，導師引導學生撰寫展區故事

確立展題，質師邀請音樂老師搭配展區意涵選擇演奏音樂

微美拾光
陪伴阮的物仔、上蓋寶的物仔、想起彼當時

⟷

展翅飛翔的兒時回憶
飛越阻礙、友你真好、留住童年

圖 1·「微美拾光」策展思維引導

138 ■ 二分之一的魔法教室

跨班共構策展的引導方式

如果要將多個班級的作品在一個展覽中呈現，要如何引導學生以跨班級的方式策展呢？

從柳林教師團隊的經驗來看，身為美術科任的質老師和兩位導師充分合作，在「展名構想」、「展區形塑」的階段，研發出讓學生觀點益形鮮明的運作方式。關鍵是以前一個班級所想，做為下一個班級的原型。

學生表達意見，提出修改的樣貌，老師是品評的守門人，一方面提醒學生所想和關鍵概念的連結，另方面引導學生關注所思與整體展覽的契合（見圖 1 虛線方框處）。班級間、師生間相互共構，來來回回幾次的激盪，一次比一次細密，一次比一次精煉，是高層次思考的歷程。

5 ▶ **引導課程教學**

實際課程運作時，柳林團隊教師再度透過幾次的社群對話，讓學習任務之間的連結更緊密，做為引導學生深究「珍藏」概念的鷹架。

在「尋時光」的任務中，學生先透過生活珍藏物件和自己肖像畫的繪製、詮釋、命名，初步提出對珍藏概念的理解。接著從自己內心走向社區人物，透過老師安排、鄰居推薦、家長參與，在「訪時光」任務中探訪社區居民，思索受訪者生命歷程中的珍藏，繪製幾幅動人的海報。「藏時光」的任務就是將蒐集到的珍藏物件及故事進行轉化，一個個用複合媒材創作出的「拾光寶盒」就展現在展場中。

尋時光：尋找自己內心的「珍藏」

為了拉近「珍藏」這個關鍵概念和學生的距離，柳林團隊教師賦予學生「尋時光」任務，學生要從自己出發，尋找和親人相處過程中值得珍藏的時光。藝術專長的質老師把課程結合「臺展三少年」展覽，從大師身上學習如何保留在地的風土人情。

如前所述，嘉老師先引導學生閱讀〈祖母的寶盒〉一文，深化學生對「珍藏」

概念的感知和理解，每位學生參照評量
規格尋獲自己想珍藏的時光片段和物件
後，透過短文敘寫物件故事，並將故事
中的人事物繪製成肖像畫。拾光探險家
阿勝珍藏一段他和姑姑的回憶，疼愛自
己的姑姑驟然離世，帶給阿勝無限悵然：
「我沒想到姑姑突然過世，這音樂盒是
她給我的最後一件禮物。」這段來不
及表達的愛，讓阿勝「領悟到幸福就在
身邊，一定要及時抓住，就沒有無法
挽回的事」，學生真摯的情感躍然紙上。

▶ 將故事中的人事物繪製成肖像畫

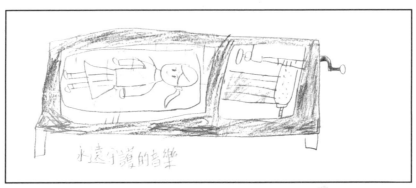

1. 選擇此物件的原因（故事性）：

這個音樂盒是姑姑給我的但為什麼給我？因為我是姑姑乾兒子這個音樂
盒是給我在我睡不著時他的音樂可以讓我安心的睡著了這音樂盒是姑姑逝世
後給我的它可以安撫的的創傷,但也代表著姑姑一直守在我身邊,

2. 依據此物件的故事性，你認為所代表的意義是什麼？為什麼？

守護:它裡面的音樂像是姑姑在我讀小一時睡覺時唱的歌有種想念的
回憶、

▲ 尋找生活中值得珍藏的物件

訪時光：探訪社區人物的「珍藏」

尋找自己內心深處想珍藏的事物後，這群拾光探險家在「訪時光」任務中轉換角度，藉由探訪社區人物來了解社區的常與變，發掘值得珍藏的人事物。於是，經營社區百年雜貨店的老爺爺、經常用相機捕捉社區風貌的梁爸爸、恆久守護內溪村的村長，以及宮廟裡為人誦經消災的法師，都成為探險家們的受訪對象。

▲採訪社區攝影師梁爸爸

柳林團隊教師們協同合作，主要由導師金老師、婷老師引導探險家們進行訪談。質老師除了仔細閱讀探險家們在點子筆記本上記錄的訪談內容外，也與兩位導師充分交流，理解訪談過程中的點點滴滴，請探險家在美術課裡分享所知所感，並繪製別具風格的社區人物誌海報。

以訪談內溪村村長的小組為例，金老師先引導他們對訪談整體任務有充分準備，才進行實際訪談。小組在訪談過後，合作撰寫黃村長的生平事蹟。

黃村長也提供自己生命歷程中曾經珍藏的物件，金老師請學生為每個物件寫下它獲得珍藏的原因，找出物件背後耐人尋味的故事，並依物件意義賦予標題。他們想出的是「興趣、親情、童玩」，使得金老師發現學生的語彙不甚豐富，凝聚出的標題不但雷同，且停留在表面意思。於是金老師請他們在點子筆記本，寫下每個物件被珍藏的原因、經過和結果，並且重新構思標題。經過多次討論與調整，形成新的標題：想念、陪伴、傳承，學生將標題和物件崁入寫成文本初稿，並用這些標題重新敘寫每個物件的故事。

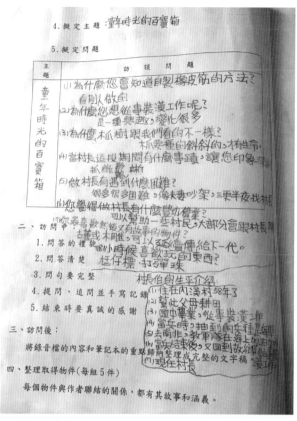

▲ 訪談任務準備與現場摘記

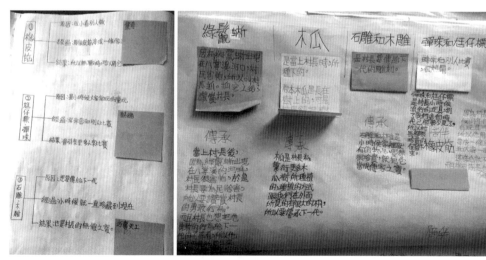

▲（左）第二版：重新探究物件意義並調整標題；（右）第三版：以新的標題再次敘寫每個物件的故事

▲ 整合物件、故事和概念，繪製社區人物誌海報

質老師「接棒」引導學生整合物件、故事和概念，擬定有受訪者特色的標題，繪製肖像畫和珍藏物件，呈現一段精簡的生平事蹟，帶領觀眾一起走入受訪者的人生「時光／拾光」。

藏時光：銘記家鄉之美的「珍藏」

「藏時光」任務裡，學生回看自己內心珍藏的物件、社區人物生命歷程珍藏的事物，從中選擇 5 樣以上的物件展示在「拾光寶盒」裡。拾光寶盒以紙盒為基底，先將紙盒塗上黑色壓克力顏料，並採浮雕技法，用黑色輕質土製作與所選物件相關的意象（例如：人物、動物、景物），接著以海綿蘸金色壓克力顏料，以拍打方式為寶盒外觀上色。小組還需要討論物件擺放方式，串聯成打動人心的故事，訴說銘記在人們心中的家鄉之美。

▲ 小組合作製作拾光寶盒

▲「想起彼當時」拾光寶盒

6 ▶ 學生調整設計

　　「微美拾光」課程以「珍藏」為關鍵概念，貫串「尋時光」、「訪時光」、「藏時光」三個任務，為學習提供適切的焦點和深度。師生的「想」有了焦點：從具體生活經驗中「想」起內心深處的珍藏；社區人物生命歷程裡的珍藏，讓學生「想」到有人生況味的海報展演；綜整個人內心、他人生命的珍藏，學生製作拾光寶盒，並「想」出打動人心的故事。

　　有了清晰的焦點，才能讓學生在「想」的歷程裡，交流整合基礎層次的事實、實體層次的創製，以及高階層次的概念，達到綜效思考（synergistic thinking），淬礪出生動獨到、耐人尋味的「觀點」（perspective）。換句話說，三個任務並不是各自分離的點狀活動，目的也不是發散式的做出各式各樣作品，其實是有意識地在脈絡相連的學習活動中，創造事實、技能、概念之間的相互激盪，推進學生對「珍藏」的探究和理解。

「珍藏」概念 0.0

- 興趣
- 親情
- 童玩

「珍藏」概念 1.0

- 想念
- 陪伴
- 傳承

「珍藏」概念 2.0

- 上蓋寶的物仔
- 陪伴阮的物仔
- 想起彼當時

　　上蓋寶的物仔、陪伴阮的物仔、想起彼當時，就是師生再度精煉後的三個展區名稱。展場中央是家鄉地圖意象裝置，地圖上錯落著社區街角可見的古厝模型，玩具小汽車穿梭巷弄，小人偶漫步村落，更顯童趣。這群拾光探險家也依三個展區概念，在展板上擺放自己內心珍藏事物的肖像畫，四位社區人物誌海報——啟動兒時拾光、內溪正神小拾光、法師的感心拾光、影藏拾光的魔法師——也同步展示；金光閃閃的拾光寶盒中，收納精選的珍藏物件，是拾光探險家串聯展區導覽的媒介，也為觀眾帶來聽完、看過之後，可以觸摸、細品的「物仔」。詳細展覽內容與導覽影片請掃碼參閱「設計學習」計畫線上展覽平台。

掃我看線上展覽

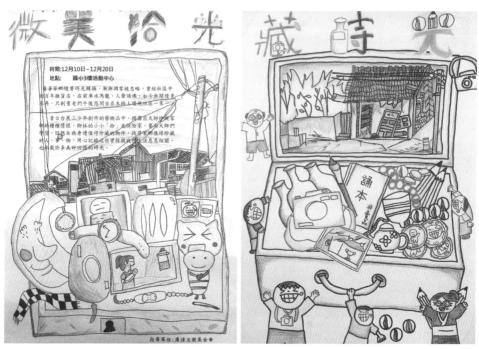

▲「微美拾光」展覽意象海報

▲ 製作家鄉地圖意象裝置

▲ 運用 N 次貼討論展區故事

　　柳林團隊教師非常重視學生的導覽，這並不是為了開展當天光鮮亮麗的琅琅上口，而是希望多半顯得內斂且羞於表達的柳林學生，可以透過真實展演的機會，組織訊息成為口述文本，詮釋概念形成核心想法，練習溝通表達。因此，學生會在課堂上多次練習發表，輔以教師提問來釐清想法。

　　令人動容的是，開展前有些學生會自主精進導覽技巧，反覆練習；而比較沒有在眾人面前說話經驗的學生，甚至主動尋求組員幫忙修改導覽稿，指導導覽技巧。同儕相互扶持，靦腆但純粹自然的策展說故事，為師生帶來學習高峰經驗。

▲學生在展覽時向其他年級學生進行作品導覽

#學生回響：慢下來，去欣賞家鄉

幾年過後，柳林團隊教師邀請當年的學生，談談他們印象中的「設計學習計畫」課程，曾經參與「微美拾光」課程的小浩，以「慢下來，去欣賞家鄉」傳達他從悸動中牽引出的反思：

對於「珍藏家鄉美好」的主題，我認為很值得人們去深思與討論。現代人處在精英主義社會下，都努力奔跑著追逐屬於自己的創新，不斷的奔跑，只為了不被生活與現實給掠食。比較可惜的是，他們在一味尋找新穎創新元素的旅途中，迷失了自我。

對此，我認為我們應該要像蔣勳老師所說的「慢下來」：我駐足於此，不是因為我不想向前走，而是想停下來欣賞屬於自己記憶的美麗風景；我停下，不是因為我缺少了新穎的元素，而是收集追逐者忽略的過去與現在。慢下來，去欣賞家鄉，靜下來，去欣賞風光，是我認為值得身處現代的我們反思的問題。

▲踏查家鄉進行立體意象裝置

設計學習參與歷程——柳林教師的觀點

#期待～透過美的學習，看見柳林最美的風景

　　質老師高中就讀美術班，並接受大學四年師範院校美術教育洗禮，在參與廣達設計學習計畫前，是一位重視技法的美術科任老師，身為校內唯一的美術專任老師，並未與他人合作。漸漸地，質老師發現學生學習動機越來越薄弱，即便老師頻頻變換方法，希望找到提升學生興趣的活動，但依舊效果不彰，窒礙難行，教學熱情也一點一滴熄滅中。

　　質老師參與「設計學習計畫」的初心，便是想引起學生對美術、對學習的興趣，獲得發揮的舞台，也透過美的學習，看見柳林最美的風景：

> 生活本身就是生長、生存的目的，審美的追求是至高的層次，需在生活中體現，冀望能透過廣達「設計學習」計畫，提升學生的美學素養，連結學生與家人、親人的深刻情感，喚起社區久遠的歷史印痕，讓孩子接近柳林地方的人、事、物，發掘前人智慧，看見柳林最美的風景。

#過程中遇到困難與挑戰

　　即便對學生懷抱期望，對教學有所期許，也算是持續申請「設計學習計畫」，質老師覺得：「每次申請開始，最大的挑戰與困難，就是最終作品要如何呈現？關鍵概念是什麼？還有時間的壓力。」

1. 不只是作業，還要是「作品」

　　對最終作品的在乎，除了因為美術常以作品為學習結果，也可能是希望在課程主題、學生可能性、資源條件之間，找到可以發揮的最佳空間。視學生的產出為需要表達觀點、對外解說的「作品」，而不僅是課堂上完成的一份「作業」，可能也帶給老師不少挑戰。

2. 耗費心神的關鍵概念

　　關鍵概念的匯聚，是設計本位學習的第一個步驟，也是老師們容易卡關之處。就像「微美拾光」課程，在第一版時以「重現家鄉的美好時光」為主軸，進入暑假工作坊後，發現這個主軸不夠聚焦，歷經幾番燒腦討論，才浮現出「珍

藏」這個關鍵概念，並且貼切的以「拾光寶盒」為最終作品，引導學生拾起家鄉的美好時光，轉化成有創意的產出，珍視且收藏於拾光寶盒。雖然老師們終究找到自身有感，能有邏輯的串聯教學活動的關鍵概念，但每回都感到耗費心神。

3. 臨展前的忐忑煎熬

時間壓力多半來自於設計學習計畫設定的結案展覽，眼看期末要到了，學生的作品還沒有到位；想著展覽分區，學生的觀點還出不來；明明開展在即，學生的導覽還說不順。質老師就曾說：「有時候那個過程感覺很煎熬，真的都是完全不確定性」，目標導向教學帶來心緒煎熬。

 # 實踐中的領會

1. 以終為始：就算有也是為了最後的那一個

質老師非常關切最終作品是什麼、要怎麼呈現，但其實一開始並不完全以「最終」去思考：第一年很明顯用比較傳統的教學方式，每個概念產出一個作品，然後第二個任務可能又是另一種，就是一般主題式學習。以「光」為主題，找音樂老師想想要怎麼和光結合，並產出一項作品，接著找自然老師、導師等，分別進行和光有關的活動和產出，最後再兜成一個展覽。

◆ 看需要什麼，不會要太多

執行過幾年設計學習計畫後，質老師逐漸有所領會，「我現在會以最終成品的呈現，看需要什麼，再跟其他老師做結合，不會要太多不一樣的作品，就算有也是為了最後的那一個」。為何有這樣的轉變？質老師認為，這樣才能讓學生對最後作品更有感，例如透過導師引導學生寫首和關鍵概念有關的詩，其實是希望透過詩的眼光和語言，進行聯想，再聚斂想法，然後學生的觀點就出來了，接著便以觀點製作最終作品。

◆ 課程運作好像就是一件事

以終為始的引導方式，也使柳林團隊教師深切感覺到，學習是以關鍵概念貫串出的連結，教師間便會自然協同，也就是嘉老師說的「接力賽」。質老師說這使得課程運作「好像就是一件事」。

有趣的是，老師們的「接力賽」，除了在課餘時間聊個兩三句，抓緊前一棒人的進度之外，學生的點子筆記本也成為老師接棒的具體參照，「微美拾光」

課程便是一例。對學習結果的想像改變了，教學也隨之改變，充分體現「以終為始，逆向設計」的課程思維。

學生在不同領域的學習和創作，以關鍵概念為樞紐，採點子筆記本串聯，有深度整合的方向和空間，老師們依舊可以在各自領域中教學，但是都引導學生朝向對關鍵概念的理解、創作，「惟精惟一，允執厥中」，質老師說這是一種深度合作。

2. 合作討論：學生在磨合裡練習表達，精進觀點

過去以技法為主要教學內容的質老師坦言，以前的美勞課，可能就是讓學生講講自己作品，沒有那麼多跟他們對談，也沒有讓他們有機會多講話。美術課不就是做作品，為什麼要講？有什麼好講的？質老師覺得現在的學生需要長時間和同學合作，經常跟同學討論，他們才會練習把自己的想法講出來，表達自己的觀點，這對多數比較弱勢的柳林國小學生來說非常重要。

於是，老師們把工作坊中的燒腦討論氛圍搬到課堂上。質老師尤其認為，在任務的設計上，紙上博物館任務非常重要，學生要練習如何跟小組成員討論，說出觀點，不僅老師會提問，同學也會對彼此作品講述邏輯，提出疑問，再將小組成員的想法歸納統整，想出展區、展名。

小組討論和發表需要經過多次練習、磨合，對於多半比較內斂、羞澀的柳林學生來說，會怕講錯或不敢講，質老師會特別強調每個想法都很重要，每個點子都有貢獻，這時學生就比較願意放開來講。

◆ 在討論中練習表達也精進作品觀點

鼓勵學生在討論中練習表達，學生也就在師生、生生共構下，精進作品的觀點。在 108 學年度期末論壇時，質老師就舉「毒塑彈」這件作品為例，一方

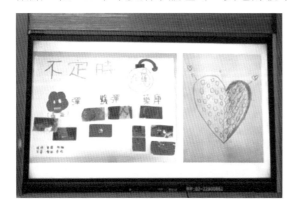

面鼓勵兩位遇到瓶頸的學生合作，激盪出不一樣的火花，另一方面也透過不同角度的提問，引導學生思辨造型和意義間的關係：「我對她的作品就有很多的疑問，我問她說，這個愛心跟瓶蓋的連結到底是什麼呢？」促發學生轉化出

有創意的作品觀點。多年過後，幾位學生也對當時磨出的表達力印象深刻：

- 我本來就不是善於思考的人，不過我覺得廣達給我的，是提高我的表達力，有上表達課對我來說很容易。（阿泉）
- 小時候只是覺得參加活動很有成就感，上台向同學分享成果是件讓人興奮且快樂的事……就在我認為我不是個擁有優秀表達能力的人時，婷老師傳來了關於訪問與否的意願，也附上了影片（一開始我也沒想到原來有影片的存在，看到的當下覺得驚嚇跟驚訝），這段影片也如同強心針一般讓我明白，我並不是沒有這方面能力，相反我可能更勝他人一籌，我只是因為害怕而雪藏了它，對此我很感謝老師的引導和這次活動，讓我找到我現在所面對的瓶頸。（小浩）

◆ 合作、組織能力提升，自主的融入討論

嘉老師、質老師在幾次訪談中，都頻頻提及一批歷經三年「設計學習計畫」引導的學生，提升小組合作、組織能力，甚至可以加一點創意進來，把不同的物件名稱串成一個故事或是想法，學生是真的不一樣了。也有成績倒數的學生，上課時害羞得一句話都講不出來，在設計學習計畫課程中，卻是 call 大家過來，領著大家在那邊做事情的人。

金老師則用「習慣」兩字形容學生的表現，把思考、討論、組織訊息的習慣帶到不同的課堂中。質老師在美術課上深有所感，期初可能還要花很多時間和學生一組一組談，依舊僵在那裡想不出什麼，經由教師團隊在不同課都以類似方式進行，學生越來越習慣怎麼去討論。質老師也欣慰的表示，有別於一般學科學習，學生多半被指派完成某些作業，「派好了就做他的部分，不會他就停在那邊等著你叫他」，參與設計學習計畫的班級，卻會在歷程中養成學習主動性。

3. 品讀作品：你就會覺得我重新認識了他

柳林團隊教師和學生深刻共構作品的歷程，讓他們學會用新的眼光看待學生。質老師以為，在策展歷程中，帶著學生從踏查、發現問題、討論、發表、提問到創作的過程，能擺脫對學生的刻板印象，更能理解學生的思考歷程，發現學生的優點和面臨的困難點。尤其當細細品讀學生作品時，她說：「整個合起來你會覺得很有他的童趣，就算說沒有太多技巧，沒有畫得很寫實或者是多生動，可是那是他自己的作品，你就會覺得我重新認識了他。」

◆ 還是可以做到有意義事情的小成

令質老師津津樂道的是，在「有求必應 - 人生妙方」課程中，小成創作的籤詩——全副武裝。小成平常是個很皮且上課不太認真的學生，一開始寫煩惱詩時，小成說他的煩惱是蟑螂，描述蟑螂來得快，去得快，想打也打不到，有時甚至還會飛，難怪會被叫小強。老師們一看，這麼平凡無奇，這樣的東西有什麼好說的呢？

沒想到，小成在訪問過長者，反芻長者的人生經驗分享後，對這樣淺白、生活化的經驗，有了隱喻式的理解。如同想要打到蟑螂，得仔細觀察牠爬行速度、飛行方式，甚至用對藥才能抓到。若要從挫折中學習，何嘗不是如此呢？就像打怪一般，人生難題就像蟑螂，遇到人生難題／蟑螂，就需要「研究多了解」，並將「環境整理好」，把該做的事情做好，才能「遇敵不慌張」，於是「就能解決牠」。

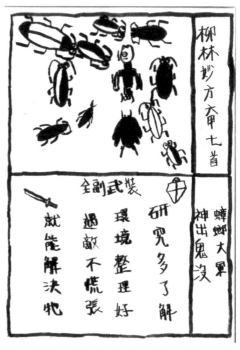

經過師生對談，小成進一步為這首籤詩取了「全副武裝」的醒世詩名。質老師發現，小成已經汲取長者智慧，把懼怕的事做抽象性概念轉化，創作出讓人不禁莞爾且心有戚戚焉的人生妙方，「頓時就會覺得說那個作品都鮮活起來，哇！好感動！雖然他之後還是蠻……，可是你就會覺得其實他還是能夠做到一些蠻有意義的事情。」

◆ 從不太了解到能夠心靈交流的阿驊

質老師常常提到的另一位學生，是「微美拾光」課程中的阿驊。質老師覺得過去一直走不進阿驊的心，「別人不了解他，我也不了解他」，但在導師協力引導下，阿驊卻是優秀的點子筆記本寫作者，質老師真切地發現：「他在筆記上洋洋灑灑寫了很多很多的東西，可能文句上沒有那麼流暢，但是你會看到那是他真心，有經過一些思考，然後再寫下來的一些內容，不是說為

了湊字數。」

　　阿驊在「微美拾光」展覽中那顯得靦腆卻讓人動容的導覽，使質老師開始比較能夠看到他的優點，能夠跟他有心靈交流的感覺，彷彿在拉長時空中，學習觀想學生個體，而且是帶著發現的眼光去看。

　　時間，向來是柳林團隊面臨的重要挑戰之一。有趣的是連續幾年參與設計學習計畫，每次近乎一個學年的課程方案，卻使得柳林團隊教師得以拉長時間，在情境轉換間重新理解學生的學習潛能。每當傾聽教師們談到自己的學生，總會讓人覺得每位老師

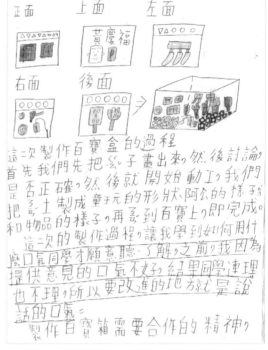

▲ 阿驊在「微美拾光」課程中的點子筆記本記錄

是那麼把學生放心上，從作品裡看學生整體，透過點子筆記本貫串起對學生的理解和引導，既分析也感知，既感慨也欣喜，似乎用設計學習計畫試圖找尋學生生活（甚至是生命）轉變的可能。

4. 策展開展：因為舞台就完全交給學生了

　　從最終作品開始想像，以關鍵概念統整學習，在合作討論中精進觀點，於創作轉化呈現獨特詮釋，質老師說：「所以前面很辛苦，到進行開展時，學生就有如倒吃甘蔗，表現會越來越好，老師在開展後是最輕鬆的，因為舞台就完全交給學生了。」

　　質老師再三強調，最終作品有被展示的機會是非常重要的，因為以前的作品可能就只是完成一個課程單元學習的「作業」，不見得有被展示的機會，即便有，多半也是在校慶等大型活動中被「陳列」出來，或是被「裝飾」在校園某些空間。但是設計學習計畫不一樣，是真的要策展和開展。從跟學生宣布任務開始，就會先告知最後展覽會有很多人來看展，要介紹自己的作品，而且會在各個階段不斷提醒，希望提升學生對任務的使命感。

平常就很喜歡創新教學的婷老師，本來就有帶創新學習方式，讓學生以九宮格出考題互相測驗，用換位思考書寫一週大事，都是婷老師所謂的「練內功」，而參與「設計學習計畫」是讓學生鍛鍊「外功」，有機會把平常累積的內功運用在展覽過程中。

不但要認真做，柳林團隊老師還以關鍵概念做為學生思考、回應議題的鷹架，開拓出詮釋空間，希望學生也在探究、實作中與關鍵概念對話，自然媒合出另外的 1/2。要能夠「自然媒合」，在策展歷程中的物件賦義、展名構想、展區形塑，以鷹架的方式導引出學生觀點，是柳林團隊幾年下來的企求，質老師很想讓學生「來試試看」。

於是，我們看到在「微美拾光」課程中，從第一次展覽到第二次展覽，柳林團隊教師由剛開始的高度主導，轉變為給孩子時間去醞釀、去思考，保持邊走邊修的彈性，他們發現學生有自主學習、展現自我的潛能，甚至能夠挖出蠻多令老師們意外的東西，所以「設計學習計畫」課程中的學生產出，雖然不一定是奪目亮眼的作品，卻是「與自己內心對話後比較深入的思考」。

柳林學習設計師的獨到心法

#統整學習使學生成為整合 4C 的 A/R/Togragher

畫面中這個孩子神情專注，像是藝術家（Artist），用老師們籌募來的相機，捕捉一個吸引他的景象；也像研究者（Researcher），透過定格的觀景窗細細探看，探究翁鬱茂葉裡的世界；或許能如轉化者（Transformer），用他社區踏查後選用的照片，策一個「光」如何親「臨」「柳林」的展覽，讓他有新的眼光去看待家鄉的習以為常，也給外人一個景窗，品味這個安緩自適的社區。這個孩子誠然是位

▲ 專注拍照中的柳林孩子

A/R/Tographer[3]，學習在他身上充分整合。

　　這是單一案例嗎？不然，若能親臨柳林展覽，您一定也會有如下感受，發現「設計學習計畫」重視的 4C，在多數學生身上充分展現：

　　再臨柳林，果然不凡！
　　小朋友真的就像藝術家一樣，有了細節豐富、感知清新的藝術創
　　作。也像小小研究員一般，探究這十二年來童年的點點滴滴，精煉
　　成文字，展現出想法。同樣動人的是，小朋友彷彿是自己生命和柳
　　林社區的轉化者，為自己這十二年來的童年作了註解，也把探究柳
　　林的點滴匯聚在海報、導覽的內容中，訴說出柳林社區的故事，為
　　社區認同與創造，帶來轉化的可能。（FB_20180615）

　　什麼樣的課程可以涵養出這樣整合 4C 的 A/R/Tographer？首先，從前一節的參與歷程描述可知，柳林學習設計師相當細密的以美術課為核心，統整起導師課（如彈性課程）、綜合課等，教師們以「接力賽」的方式，讓統整不流於眾花離枝，發散分化，而是善用課餘時間進行專業對話，也以點子筆記本串聯理解，於是課程有了實質統整。

　　再者，最終作品設定使學習有方向性，柳林對每年度計畫的最終作品，不論是珍藏起家鄉美好的「拾光寶盒」、喚起環境健康意識的「健入佳境裝置藝術」，或是無礙無齡的「人生妙方籤詩」，都是精心設計的統整學習載體，扣合關鍵概念，充滿創造性，也與實境任務緊密相連，以創造性產出讓師生都有躍躍欲試的感覺。

　　此外，最後展覽更為師生帶來統整學習的高峰經驗，凝聚出教與學的共識感和向心力，使知識、技能和態度統整。在策展的展名構思、展區規劃中，學習概念思辨和合作、溝通，展品布置和展覽呈現，更是創意的發揮。因此，統整學習使學生成為展現 4C 的 A/R/Tographer。

3　這個概念源自於加拿大學者 Irwin 與 de Cosson（2004）提出的課程美學理念，A/R/Tography 是藝術為本的探究方法學，以「藝術家（Artist）—研究者（Researcher）—教師（Teacher）」三位一體且介乎之間（in-between）的理念和方法，進行實踐或研究。嘉大附小沈桂枝老師曾別出心裁的想以 A/R/T 來詮釋學生學習，獲得當時來臺演講的 Irwin 教授大為讚賞。我借用了桂枝老師的創意來解讀柳林國小小朋友的表現。

#調和 ½ 的空間帶出學習自主性

「設計本位學習」逆向課程設計的邏輯，以預期結果（desired result）為學習的開端，引導學生有意識的理解每個學習活動和預期結果間的呼應，促發學習願景的想像，但又因任務情境的複雜度和開放性，學生有了自主學習的鷹架。

柳林學生可以在小組討論時主動參與，同學帶同學，把在一旁玩耍的同學拉回來，一起構思；透過老師一次一次探問，學生也一層一層思考，然後以多元媒材自主詮釋關鍵概念，回應任務議題，是精煉過後的創作，更甚於自由發想的鬆散。這些課室風景，都讓我們看到柳林學生逐漸萌發的學習自主性，更能夠接住設計本位學習中，那耐人尋味的「½」。

然而，建構自主學習空間並不容易，預期結果並不等同於「預設成果」（ready-made outcome），要在實務中調和 ½ 的空間，非常需要教師有自信和勇氣與非預期共處。金老師覺得自己從「跟著我的路線走」，逐步意識到「拐彎」本來就是探究學習中的必要，那是一種「安排」下，水到渠成的學習設計，「應該是要讓學生能夠發現自己，他能夠做出什麼，能夠發揮出什麼東西來」。

既要讓學生發揮，又需要有意的安排，其實需要基於老師們對柳林學生真切關懷，以及學習程度的掌握。就像開發「光臨柳林」課程時，老師們滾動式的參照理論就調整原先設計，想著學生就拿捏出適切的鷹架，使課程既有學理基礎，也展現對學生的關懷：

> 光臨柳林！
> 像流水活水般的柳林國小「滾動的學習設計師」，始終保有如同校名般詩意優美的思維質地，希望讓學生透過光影魔法，在浮光掠影中捉住瞬間的永恆，體現「光常在」的核心意象，彷彿透過小朋友澄澈的雙眸與文字，把吉光片羽轉化成為常駐在心中的永恆之光。我想對這多半是新住民與隔代教養之子的柳林小朋友來說，真是別具意義的課程。老師，您們真是有情！（FB_20150722）

老師們也就來回於「預設性教學」和「參與式學習」，帶出學生的學習自

主性。綜整柳林老師們實踐中的領會，我們將「預設性教學」和「參與式學習」進行比較如表 2：

預設性教學	參與式學習
• 老師預設，學生跟隨。 • 教會，傳達老師想要教的東西。 • 給學生一個循序漸進歷程，從基礎認識開始。 • 教學經過規劃，教師感到比較安心，確實掌握了整體的進程。 • 老師居於主導地位，明示、暗示想要學生做的事情。 • 偏離預設時，老師會焦慮於怎麼沒有跟著原來的路線走。 • 先讓學生看到自己似乎不會什麼。 • 保持結構，老師解讀學生想法，精修為貼切字句傳達作品概念。 • 學生害怕表達自己的想法。	• 老師設計，學生參與。 • 學會，表達學生想要說的事情。 • 給學生一個高層次的大方向，拉出學習視野。 • 學習經過安排，學生體會到從工具性的使用到內化性的應用。 • 學生主動性展現，在比較充分的時間下醞釀、思考，漸居主導。 • 遇到瓶頸時，老師會願意引導學生拐個彎，和非預期共舞。 • 先讓學生發現自己能夠做出什麼。 • 接納彈性，和學生討論中漸漸浮現作品要傳達的概念。 • 學生漸漸習慣表達（尤其是中後段學生）。

表 2．預設性教學和參與式學習比較

#點子筆記本讓策展思維可見

寫筆記是普遍常見的學習方式，在「設計學習計畫」中，我們把這個習以為常稱之為「點子筆記本」，而且是真的鼓勵學校端和學生一起準備一本筆記本，寫一寫，畫一畫，想一想，改一改。所以，前面 1/2 魔法課程中我們也看到學生在點子筆記本裡進行的「思考實驗」，初版嘗試➡二版精煉➡三版表徵，體現設計本位學習中，讓學生嘗試（Let Students "Give It a Try"）的「原型嘗試」精神。

就教學實務觀點來看，質老師認為點子筆記本像是教師間的合作橋梁，導師可以理解學生在美術課中進行的內容，便能適時地加深加廣；美術老師也可以透過學生的記錄，分析學生對關鍵概念的理解程度，調整後續課程。尤其「筆記本內留下的想法、作品原型、修改歷程，都是學生探究關鍵概念的軌跡，通常會成為學生作品導覽的基礎」。

簡單的說，點子筆記本讓師生共構的策展思維可見。策展任務導向學習中，學生是創作者，也是策展人，製作出回應任務議題且具有觀點的展品，並策畫出一場前所未見的展覽，透過執行策展任務，運用策展思維（觀察選擇、分類命名、串聯塑義、觀點表述），展現對關鍵概念的理解（請見圖1）。

有趣的是，身為導師的婷老師、金老師不約而同地以「練功」的意象，詮釋策展的思維過程、結果呈現，可以帶出各式各樣的武功，而且點子筆記本成為學生展示功夫或磨練基本功的介面。

金老師便說，「設計學習計畫」其實是一種「催化劑」，讓一步一腳印帶學生的她，獲得「順水推舟」的機會，磨練學生以文字、口語表情達意的基本功，在點子筆記本書寫中將體驗化為文字，透過文字反芻感受，也藉由感受反芻漸漸深化思考，感覺到自己也可以言之有物的口語表達能力。

換句話說，策展思維不只用於策展，而是可以在先選件、做分類、想區名、給展名的過程中，讓學生練習決策、思辨、溝通、表達、概念化等基本功，磨練策展的心智習性（curation habits of mind）。而貼近學生且隨手可用的點子筆記本，則是這個鍛鑄歷程的最佳載體：看見歷程，得以讓老師們順接引導；看到過程，得以使學生們反思脈絡；看出進程，歷練了師生重新認識自我的眼光。

#演化中的柳林團隊：不疾不徐，自成色

參與「設計學習計畫」的團隊，組成不同，條件各異，資源有差，甚至對設計本位學習的理解和認同也大相逕庭。於是，有「人」持續參與，有「團隊」視機緣組成，也有「學校」年年參加，當然，更多的是有了一次但沒有下一次，折射出實務場域中專業學習的光譜。

從104學年度開始申請「設計學習計畫」的柳林團隊，因著學校教師自然相助所帶來的能量，看似淡然的質老師其實在理念、實踐和情境之間，做了頗為細緻的轉化。她通常很努力地吸收「設計學習計畫」工作坊所學、教練團提供的建議，然後在體恤導師多頭馬車忙碌的前提下，會試著在不那麼讓導師們有負擔的情況下去執行，但又同時重視教師間協同教學的重要性。

108學年度重啟計畫申請時，質老師除了持續邀請校內志同道合的導師們合作，也主動和臺中大肚國小的華老師跨校聯盟，甚至來年吸引了嘉大附小的

嵐老師一起加入。柳林團隊的運作，似乎呼應著下面這一段隨筆，以一種「不疾不徐，自成色」的嘉南步調，務實且堅韌的繼續探究設計本位學習：

> 十分感謝柳林國小的邀約，讓我參與了「愛的守護神發表會」。非常喜歡小朋友站在台前，有些緊張生澀，卻又躍躍欲試的與大家分享他們所感知到的柳林之「愛」，以及這份愛如何「守護」柳林，充滿清新的兒童味！
>
> 沒有過多的繁複，就是以「愛」為主軸：好好進行在地探索，好好借鏡大師巧藝，好好品選在地色彩，好好轉化色彩意涵，好好訴說守護精神。質老師的藝術探索，結合金老師的文思引導，讓學生來回穿梭於原型發想與淬鍊重構之間。然後，我們就隨這份結合鄉情與童趣的「愛」，共「遊」柳林的美。
>
> 不疾不徐，自成色。（FB_20170125）

● 願景與建議 ●

★ 設計學習一句話

相信對學生而言，得到的成就感及經驗是受用一輩子的，而身為帶領的老師也能得到同樣的滿足感，這就是廣達設計學習計畫能讓人持續申請下去的魅力！（質老師）

★ 給就要嘗試設計學習的你

在不斷摸索的時候，有時候不見得找得到方向，可是其實也沒有關係，慢慢做，然後在歷程中你就會滾動修正。

1. **簡化任務，讓作品聚焦才能掌握時間**

   盡量將任務簡化，如果本來想出有三種任務作品，就可以直接砍成兩種或一種作品，尤其如果是用六年級學生當實驗班，畢業班要忙的事情很多，經常時間都不夠用，所以不要做太多種作品來砸自己的腳。

2. **著重用作品表達出對關鍵概念的觀點**

   最重要是讓學生產出的作品能表達出關鍵概念的觀點，還有帶學生將作品進行策展分區、想展名。尤其老師們要先想：最終作品要呈現怎麼樣的關

鍵概念，要用什麼樣的形式，跟關鍵概念很 match，就會越做越順。

3. **和團隊老師慢慢討論並考量老師們的特性**

最終作品如何呈現？關鍵概念如何找？就只能和團隊老師慢慢討論，可以跟導師的語文教學結合的作品，老師的專長、喜好、容易進行……等都會是考慮的項目。

第11章

新竹縣興隆國小
──〔策展〕師父重出江湖

　　新竹縣興隆國小位於傳統客家村落，同時也是現代科技園區所在地，是一所年輕的學校，106學年度第一次申請計畫時，是如此介紹學校的：「創立於民國99年，是一棟以客家圓樓為主體的建築，近頭前溪畔，在竹北高樓林立中有遼闊的視野。自創校以來，就以藝術與科學為兩大課程主軸建構學習圖像，提供學生們理性與感性兼具的全人教育。」

#興隆團隊：「持續連結或顯或隱」

　　興隆國小參與廣達設計學習計畫團隊的靈魂人物，是任教二十餘年的資深美術老師李宜芳，因為想要持續專業成長的動力，她報名參加105學年度廣達設計學習的成果發表，深受各校豐富的課程、學生的創意和老師們的專業活力所吸引，因此開始期待自己也能「擁有神秘的能量」。

　　宜芳老師說：「這個活動中最吸引人的特色是，每所學校都在同一主題下展示各自獨特的理解，並展現出他們課程特色的發展，這種豐富多元的呈現方式讓我深受吸引。在17所發表學校中，有都會，有偏鄉，也有不山不市的學校，有美術班的特生，也有一般生，但學生們呈現的成果和創意，卻超越了城鄉差異帶來的障礙。

　　「在這個發表會中，我有機會與第一線教師交流，對他們所展現出的專業活力，留下了深刻的印象。他們不僅對自己的課程教學瞭如指掌，也清楚了解他們對學生的影響，並且對自己未來的教學工作充滿信心，令我十分憧憬，心想是不是有機會也擁有這個神秘的能量呢？」

　　從第一年的一人團隊，到現在第七年的多人團隊，還有隱身於幕後的行政團隊，興隆國小每年的團隊組成有所變動，或說是以藝術領域為圓心的持續連結擴展。從宜芳老師教授美術課的班級，連結到班級的導師，再擴展到相關領

域教師，多年努力下來，現在是全學年、跨領域、跨處室的投入。宜芳老師在設計學習計畫十週年的分享簡報上，還特別放上了兩次暑期教師工作坊團隊參與的照片，做個有趣的對照。

▲106 學年度團隊

▲108 學年度團隊

興隆國小團隊是如何以藝術領域為圓心，持續連結與擴展呢？

1. 尋求外部資源注入

團隊尚未形成時，先透過外部資源來填補跨領域的需求。宜芳老師回顧第一年以校門前的水圳發想「河樂融融」任務時，因為當時「其他領域的老師比較沒進來，所以我們那時候比較慘，借助外部的師資」，要到溪流踏查「就請專業的導覽員」，走到了上游，就請「住在上游的原住民來分享他們的生活」。雖然她用「比較慘」來形容當時的狀態，但意外的收穫是，外部資源的連結，成為第二年發想的基礎，「第二年繼續做的時候，小朋友已經認識這個老師，我們就從這個地方發想」。

2. 透過作品與導師對話

興隆國小透過孩子們的作品與導師產生對話。設計學習計畫強調具體作品的產出，當孩子帶著原型作品尋求導師的回饋，作品便成為她與導師對話的橋梁。宜芳老師說「孩子的作品，導師看，我也看，變成『我們』的任務」，「我們可以透過作品對話了」。此外，她也發現，當導師加入後，孩子們更覺得作品被看見、被在乎。

3. 藉由經驗分享連結夥伴

宜芳老師是美勞科任教老師，負責一整屆約 300 位學生，而 300 位學生後面大約有 10 位導師。宜芳老師說「有老師願意做，我就可以把這些經驗分享給老師」。這幾年合作下來，培養了合作的默契，許多導師主動連結年度主題，在班上為孩子們補充與主題相關的知識和經驗，例如 112 學年「韌性家園」的任務，宜芳老師將場域設定在學校前的溪流，一位導師便主動製作簡報，引導班上孩子認識溪流的動植物。

4. 學校行政的支持

行政絕對是興隆國小參與設計學習計畫重要的後盾，興隆的行政團隊對計畫執行充分支持，並且還調整學校行事來搭配，例如 107 學年「書香味」主題，六年級兩個班每位學生都出了一本小書，回顧自己小學學習的歷程。

宜芳老師向學校提議：「如果大家都願意做的話，我覺得未嘗不能變成一個學校傳統，畢業前教孩子做小書？」學校教務處也積極回應，教務主任甚至認為可將小書創作納入每學期的作文寫作篇數。爾後的幾年，興隆都將設計學習計畫結合六年級學生的畢業專題。

宜芳老師也不只一次指出，是學校的行政團隊讓她有繼續申請的勇氣，例如在 110 學年度的計畫書中寫到：「雖然（高齡議題）對第一線的教師充滿挑戰，但是興隆國小行政團隊總是不居功的做最堅強後盾，讓我們有勇氣再申請第五次。」

#設計學習在興隆

興隆的孩子們，多數是因父母來到新竹縣工作，才在這裡生活與學習。廣達設計學習計畫的議題，106 至 108 學年探索家鄉，109 至 111 學年探究高齡長者議題，恰能回應興隆國小學生的學習需求及學校的教育願景，於是興隆國小自 106 學年度第一次參與廣達設計學習計畫後，連續七年不間斷地持續參與，參與歷程如下表：

學年度	類別	參與模式	年度議題	任務名稱	展覽名稱
106	策展	夥伴學校	家鄉 __ 美	河樂融融	潺流彎彎 河樂融融
107	策展	夥伴學校	家鄉 __ 味	書香味	勤筆耕 傳書香
108	策展	夥伴學校	2030	回應 2030 的「大地訊息」	2030 不見不散
109	策展	微行動	七老八十新契機	青春不老愛相伴	青春作伴好幸福
110	策展	微行動	超潮耍老派	師父重出江湖	銀髮群俠 冠蓋雲集
111	策展	微行動	無礙無齡	人生不設限	閃耀人生 盡其在我
112	策展	微行動	韌性家園	城市綠幸福	水圳故事開箱

值得注意的是，興隆國小除了持續參與之外，並持續擴大參與程度。106 學年第一次申請僅 1 班參與；107 學年增加至 2 班；到了 108 學年，擴展到全學年 11 班；109 學年除了全學年外，還加上 3 所合作學校跨校觀摩；110 至 111 學年的參與對象，包括六年級全學年、3 所合作學校跨校觀摩外，再加上 1 所聯盟學校實施課程；112 學年持續擴大，五年級全學年實施、3 所合作學校跨校觀摩及 2 所聯盟學校跨校教師社群。

「師父重出江湖」是興隆國小參與設計學習第五年的課程任務，也是廣達設計學習計畫三年高齡議題的第二年——「超潮耍老派」。自 109 至 111 學年度，廣達設計學習計畫以三年的時間探究高齡議題，主題規劃有階段性目標（圖 1）：第一年，期待帶著孩子關心、理解、體會、感受「七老八十」，進而產生深刻的「同理」，因為同理必須轉換角度，轉換觀點，才有可能有新的看見；第二年，基於前一年新的看見，進一步尋找長者的可能性，期待在「老」派中找到「潮」的契機；第三年，在找到改變契機後，就具有能動性了，於是開始「逆轉」，甚至超越年齡所設框架，產生「無礙無齡」的行動。

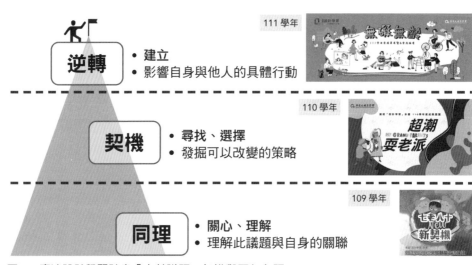

圖 1．廣達設計學習計畫「高齡議題」架構與歷年主題

參加過五年計畫的宜芳老師已經發展出一套學習設計的邏輯，以「師父重出江湖」課程為例，她會先詮釋計畫主題：「首先我們拿到的主題是『超潮耍老派』，我就要去理解我對『超潮耍老派』的詮釋跟想法」；接著再將當年的主題放回整個議題脈絡中去思考，為期三年的高齡議題如何創造探究學習的系統？宜芳老師在分享課程思考時說：「計畫裡面很清楚的引導我們馬斯洛需求理論……去年我做過愛與歸屬，今年就做第二層（自尊），所以明年會做第三層（自我實現）……那時候就覺得好有趣，我就一層一層來做。」於是關照長者的自尊需求，肯定長者的好，並鼓勵其自信展現，使七老八十也能超潮

耍老的課程意象就產生了。而要理解興隆國小的課程，不能僅從單一課程，應該從整個課程系統來看。

在確定整個課程系統與該年的課程定位與意象後，宜芳老師便開始聚焦課程「核心概念」。這是她參與設計學習多年來的一個體悟，認為課程不是越豐富、越琳瑯滿目越好，而應該「少即是多」，最重要的是「關鍵概念要抓住」。那麼高齡議題中那個關鍵的「少」是什麼呢？她認為關鍵在於，能以長者的角度出發尋找，同理長者的需求。

高齡議題的第一年，興隆國小關注高齡者「愛與歸屬」的需求，宜芳老師從《康健》一篇對超高齡社會的專欄文章〈超高齡社會／一句掏心告白：我不怕老，只怕孤單！〉（陳、盧，2016）得到問題意識的靈感，聚焦出「愛相伴」的關鍵概念。依循這樣的思考邏輯，她再聚焦出三年的關鍵概念，並形成問題意識。興隆國小三年高齡議題的關鍵概念與問題意識整理如圖2。

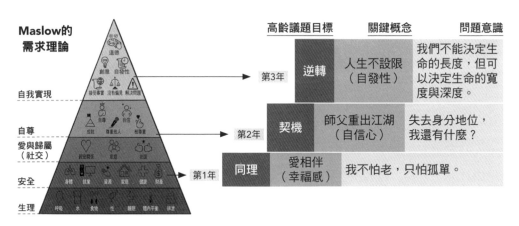

圖2‧興隆國小高齡議題分年關鍵概念與問題意識

接下來從設計本位學習的六又二分之一步驟，來說明興隆國小「師父重出江湖」的課程設計。

1 ▶ 什麼是我要教的？

本課程以「師父重出江湖」為關鍵概念。所謂「關鍵概念」是潛藏於課程、

生活、生命中的普世原則（Erickson et al., 2017/2018）。「重出江湖」的關鍵概念，是從普世原則「馬斯洛的需求層次理論」中「自尊」這個需求層次詮釋轉化而來，亦即對於自我的成就或價值擁有自信，獲得認同與尊重，就如同武俠小說中退隱的武林高手再次重現武林。

　　其實興隆國小提案申請時，同樣回應自尊需求，原訂的關鍵概念為「老頑童」，並以畫壇老頑童劉其偉、新竹縣在地素人收藏家老頑童傳家寶文物館的館主劉邦賢為例，希望探究這些生理年齡逐漸老化的老頑童，為何仍能保有心理年齡不老的生命熱情？但在幾次團隊的思辨後，決定換個角度，從原本「改變高齡者自身的心態」，到應該改變的是社會對待高齡者的觀點，宜芳老師說：「社會上對長者有偏見……讓他們失去社會參與，或者覺得他們年紀大了，就漸漸被遺忘。我就覺得那我們可不可以用展覽去翻轉這件事情？」她企圖「翻轉」社會對待高齡者的觀點，於是用「重出江湖」，表示退隱武林高手復出，來凸顯翻轉老而無用的刻板印象。

 界定一個問題

　　本課程所界定待解決的問題困境為：如何傳承退隱山林師父的絕世武功，讓「師父重出江湖」？這裡的「師父」即指高齡長者，師父有絕世武功，卻退隱山林而不可見，就像高齡長者有著經驗累積的智慧，因無法在現代主流社會中充分展現，使得社會上對長者存在有老而無用的偏見，要如何「翻轉」偏見？是個複雜的問題情境。

 提出一個前所未見（NBS）的挑戰任務

　　學生要執行什麼任務才能讓師父重出江湖呢？在構思任務時，宜芳老師先設定師父重出江湖的 NBS 挑戰任務，也規劃學生探究脈絡與具體作品。

　　所謂任務是為預期結果設計的學習情境，這個學習情境要能啟動學習者的問題意識，並激發解決問題使命感。為達成此目標，宜芳老師認為「**任務設計**

必須在一個真實情境中，去處理一個複雜的問題，並達成預期目標」。

對興隆國小的學生來說，真實的情境是：由於學校校址近科學園區，周邊社區住的幾乎都是外移人口組成的小家庭，大多數學生是因為爸媽工作關係而在這裡生活、學習，他們多數只在假日才有機會與家中祖父母輩接觸，且大多被動接受關愛。少了日常的接觸，學生不易發現長者在生活中的點滴智慧，更無法主動展現情感。因此，必須設計一個能讓學生化被動為主動的任務，且要能翻轉老而無用的偏見，進而達成滿足自尊需求，讓高齡長者有自信與成就感的目標。興隆國小所設計的挑戰任務為：

策畫一個前所未見的「師父重出江湖」特展，用藝術展現創意，說一個「爺爺奶奶風華再現」的故事。

為了能說出「爺爺奶奶風華再現」的故事，並匯聚成「師父重出江湖」特展，學生必須積極探究，去看見高齡長者的好，邏輯性論述並具象地加以呈現。

而在設定 NBS 挑戰任務後，宜芳老師會反覆思考，學生到底要在這個任務中學習什麼？如何讓師父重出江湖這件事情能夠呈現？並據此構想出最終作品和展覽的樣貌，然後設計出階段性的任務：任務一「拜師學藝」；任務二「傳家秘笈」；任務三「武林大會」。

| 興隆國小的點子實驗室 |

「任務需要在一個真實的情境中，去處理一個複雜的問題，並達成設定的預期目標。」（宜芳老師）

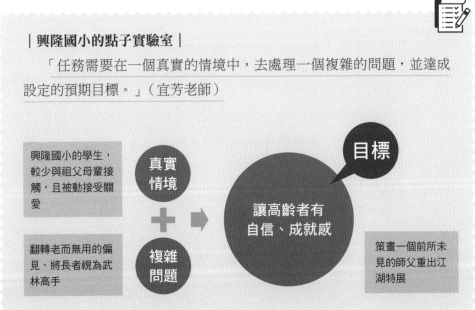

▶▶ 任務信

各位小小策展人：

　　「老」對你們來說很遙遠吧？「變老」是每個人都會面臨到的課題，即使你們還在歡樂的童年中……。

　　你們知道嗎？自 2018 年起，臺灣就進入「高齡社會」，每 7 個人就有一位超過 65 歲的長者，社會上大部分的人認為高齡長者體力衰退、能力無法提升，因此讓長者們失去許多社會參與的機會，漸漸地就被時代淹沒了。

　　然而，和年輕人比起來，高齡長者也許年老力衰，但絕對不是「毫無用武之力」，也許你們家中的爺爺奶奶就是退隱江湖的武林高手呢！今年學校與廣達文教基金會合作，期待各位小小策展人策畫一個前所未見的「師父重出江湖」特展，用藝術展現創意，說一個「爺爺奶奶風華再現」的故事，讓參觀展覽的師長和同學感受爺爺奶奶們的生命能量，重拾高齡長者們的自信風采。

任務一：拜師學藝「家有一老，如有一寶」

　　你們有發現家中的爺爺奶奶身懷絕技嗎？請你們以自己的爺爺奶奶們為師父，找到他們獨特的秘密技能，並且向他們「拜師學藝」。

任務二：傳家秘笈「一招一式，畫為有形」

　　你們有學到師父所教的武功精髓嗎？請你們將師父所傳的畢生絕學融會貫通，彙整成淺顯易懂的招式，詳細記載要領及功效，並輔以繪圖說明，集結成一本珍稀罕見的「秘笈」，展現師父的高超武藝。

任務三：武林大會「銀髮群俠傳 Online」

　　你們能讓師父們的獨門功夫被看到嗎？請你們規劃一個線上武林大會，廣發英雄帖，邀請身懷絕技的銀髮長者們，透過這個科技平台，耍出獨門功夫。

向度	關鍵概念	創作作品	策展思維	4C/思辨
專家級水準	在作品中總結重要概念或突出的內容，賦予「重出江湖」一個獨特的定義，逆轉老而無用的偏見。	能充分詮釋主題，呈現作品符合美感的形式，並展現獨特的創意。	策展主題及展出的內容能反映高齡議題，並提出獨特觀點來述說具有說服力與渲染力的故事。	能從文本中建立聯結，找出重要概念，提出問題，思索隱含的意涵。

委託人

新竹縣興隆國小　校長　葉瑞珠

廣達文教基金會　執行長　徐繪珈

　　在廣達設計學習計畫的策展任務中，學生會經歷兩種角色：藝術家和策展人，學生以藝術家角色完成一件作品，再轉換成策展人的角色為所有作品策一個展。宜芳老師通常會規劃三個任務：第一個任務，學生進入田野，以關鍵概念為焦點，蒐集第一手資料；第二個任務，學生為藝術家，完成一件作品；第三個任務，學生為策展人，策畫一個展覽。最後，將所有任務訊息整合成一封任務信，為了激發學生更強烈的使命感，宜芳老師在任務信上增添了情境鋪陳、設計回應主題版面、蓋上學校關防，並邀請校長親自頒發。

| 興隆國小的點子實驗室 |

　　如何把外化的任務要求，轉化成學生內化的任務需求？在頒發任務信後，宜芳老師會請策展人（學生）解讀任務信，學生可用 5W1H、心智圖，或各種自創的方法來拆解任務信，並找出任務重點。

 ③ 設定評量規準

　　評量規準，包括作品規格與表現水準。宜芳老師說「作品規格」是列舉出作品的要求和條件，能使作品「黑白分明」；而「表現水準」則為作品設定不同層次的表現目標，能讓作品「高下立判」。整體來說，評量規準的設定能提供最終作品具體的想像，而宜芳老師認為「對最終作品的想像，能鷹架學生的學習」。以下為「師父重出江湖」三個任務的規準：

▶▶ 規格（任務一・拜師學藝）

要	不要
• 要能親自採訪爺奶。 • 要是爺奶自豪、厲害的技能。 • 要能說出這項技能的關鍵。	• 不要透過他人側面訪問、了解。 • 不要是隨意一件爺奶平時會做的事情。 • 不要展現一種「與我無關」的態度。 • 不要沒有主題，內容沒有重點。

▶▶ 水準（任務一・拜師學藝）

標準	再想想的水準 （入門學藝）	可發表的水準 （實力中等）	專家的水準 （箇中高手）
主題內涵	你無法找出高齡者自豪、厲害的技能來向他們學習。	你所選技能是高齡者自豪、厲害的技能，也從中了解想學習什麼厲害之處，並知道如何學習。	你能展現出高齡者自豪、厲害的技能，從中感受到你對他們的崇拜，並呈現出你想學習之處及如何學。

▶▶ 規格（任務二・傳家秘笈）

要	不要
• 秘笈主題是爺爺奶奶的技能。 • 秘笈主題是獨特有意思的。 • 要有難度及深度。 • 要是有要領可以學起來的方法。 • 三個招式的安排要有邏輯。 • 要應用鑲嵌、雙關等修辭技巧命名。	• 不用看秘笈也能知道。 • 招式只是流程及步驟。 • 招式和秘笈主題無關。

▶▶ 水準（任務二・傳家秘笈）

標準	再想想的水準 （入門學藝）	可發表的水準 （實力中等）	專家的水準 （箇中高手）
創作形式	無法用文字及圖象呈現出高齡者的技能，整體內容看不出重點。	能用文字及圖像將高齡者自豪、厲害的技能呈現出來，撰寫成一個有主題有架構的記錄。	能展現個人獨到創意，並用文字及圖像將高齡者自豪、厲害的技能表達出來，成為一個與眾不同且有邏輯的「傳家秘笈」。
藝術表現	圖文的空間排版不當，或使用軟毛筆勾勒物件形體，線條不夠明確俐落。	圖文的空間排版適當，並且能運用軟毛筆勾勒呈現物件的形體。	圖文的空間排版具個人獨特創意及均衡美感，除了能運用軟毛筆勾勒呈現物件的外觀形體，更有生動的情感表達。

▶▶ 規格（任務三・武林大會）

要	不要
• 能以自己的爺奶做為主角。 • 能看見並展現爺奶的好。 • 能欣賞並鼓勵更多長者。 • 能逆轉大家對長者老而無用的偏見。 • 要用自己的創作說一個好故事。	• 不要以能力去比較長者的優劣。 • 不要虛構不真實的故事情節。

▶▶ 水準（任務三・武林大會）

標準	再想想的水準 （入門學藝）	可發表的水準 （實力中等）	專家的水準 （箇中高手）
關鍵概念	無法清楚表現「重出江湖」的意義。	能理解並表現「重出江湖」的意義。	能在作品中總結重要概念或突出的內容，賦予「重出江湖」一個獨特的定義，逆轉老而無用的偏見。
創作作品	無法詮釋主題。	能明確詮釋主題。	能充分地詮釋主題，呈現作品符合美感的形式，並展現獨特的創意。
策展思維	無法在策展主題及內容上反映高齡議題。	能在策展主題及內容上反映高齡議題。	策展主題及展出的內容能反映高齡議題，並提出獨特的觀點來述說具有說服力與渲染力的故事。
4C/思辨	無法從文本中建立聯結，找出重要概念。	能從文本中建立聯結，找出重要概念。	能從文本中建立聯結，找出重要概念，並提出問題、思索隱含的意涵。

學生理解規準，才能使之成為能鷹架學生思考的工具，因此需要與學生溝通規準。

宜芳老師通常會運用大師作品，試著拆解作品的邏輯，與學生溝通規準的意涵。例如，在任務二「傳家秘笈」，她使用疫情期間 KingNet 國家網路醫藥網分享的【洗手步驟武林秘笈】（①內：搓揉手掌；②外：搓揉手背；③夾：搓揉指縫；④弓：搓揉指背指節；⑤大：搓揉大拇指與虎口；⑥立：搓揉指尖；⑦腕：搓揉手腕），從這篇〈洗手新招！內外夾攻大立腕分

掃我看大師作品

享〉的洗手步驟中分析出「招式要寫清楚，要有圖片，要知道怎麼做」，宜芳老師說：「不是要找一個真的秘笈讓他們抄，而是需要破解它的形式、過程，然後讓他們去思考。」

| 興隆國小的點子實驗室 |

經過幾年的時間，宜芳老師對於「規準」的使用十分有感。歸納幾次她對於規準的回應，對她來說，規準有幾個功能：

1. 清晰的目標，以終為始

過去設計課程時，很少明確知道目標是什麼？而透過規準的設計，以終為始的給定了清晰的目標。就像「師父重出江湖」這個課程中，可以明確說出希望孩子看到長者什麼好。

2. 調整的參考點，有機的課程

規準的設計使課程有個調整的參考點。宜芳老師在課程進行前，自己會先依據規準嘗試看看，再調整規準的難度。此外，規準在教學過程也是會變動的，當發現學生在實作過程中，出現一些未曾設想到的問題時，她便會加入規準中提醒學生。因此，宜芳老師認為規準使得課程成為一個可以隨時調整的「有機的課程」。

3. 以規格逆溯檢視，以水準優化作品

在教學引導的過程中，規準扮演提升作品品質的重要指引。宜芳老師運用規格引導學生檢視作品是否符合要求，並使用水準層次引導學生逐步優化精進作品。

④ 讓學生嘗試

在賦予學生 NBS 挑戰任務，並且與學生溝通規準後，就讓學生動手試試看！為了讓學生快速產生原型，興隆國小團隊利用學習單、心智圖、N 次貼等簡單的材料，讓學生的想法可以快速成形，讓思考變得可見。

舉例來說，在任務一，學生要選一項爺爺奶奶的秘密技能「拜師學藝」，導師力瑋老師設計簡易填空或完成語句的學習單（圖 3），讓學生能順著語句接

續出想法，且引導問題的設計精巧回應任務一專家水準的思考——你能展現出高齡者自豪、厲害的技能，從中感受到你對他們的崇拜，並呈現出你想學習之處及如何學。

圖3‧問答式原型嘗試思考引導單

　　圖4則是引導學生以心智圖做為思考工具，快速呈現「招式」，成為任務二「傳家秘笈」的原型。

圖4‧圖像式原型嘗試思考引導單

任務二「傳家秘笈」的秘笈故事編排與任務三「武林大會」的展覽，均需要策展思維。策展人品讀作品、歸納脈絡，並提出觀點、說出故事，宜芳老師利用 N 次貼，讓學生能操作想法、拼貼邏輯，模擬策展人的思維歷程，產出秘笈與展覽的原型（圖 5）。

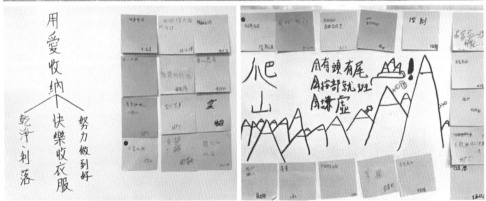

圖 5．運用 N 次貼原型嘗試

　　在原型嘗試階段，尚未進行教學引導，學生個別差異和獨特的創意也會自然顯現，如圖 4 的學生，除了依學習單上要求用心智圖來呈現外，還加上圖像，將她與奶奶的情感一同表露。又如圖 6 的學生，打破心智圖既有的形式，用廟宇屋頂的牌匾和每個門上提字來呈現，但同樣把握心智圖的關鍵：主題與分支。

他將打繩結這個傳統技藝，聯結到同樣能代表傳統概念的廟宇做為呈現方式，這兩個聯結可以看到他很能分析找出事物的共同性。此外，他還在一個小格內，精緻的畫出一座廟宇，屋頂上的雙龍搶珠、門旁的石獅等，一個不少，顯現其細節描繪的能力。學生在原型嘗試中的展現，能看出每個孩子的優勢、學習需求及學習風格，可提供教師做為差異化教學的依據。

圖 6．學生原型嘗試

 5　引導課程教學

在學生原型嘗試後，教師便依據需求設計引導課程。引導課程的目的，在支持學生精進作品。以任務二「傳家秘笈」為例，一本傳家秘笈包含文字及圖像兩個向度，因此宜芳老師設計了兩個學習站：「作品檢視優化站」與「藝術充電站」，分別從文字與圖像的角度精進作品。

作品檢視優化站

1. 用規格提問讓學生檢視作品

學生第一版的原型嘗試，已經運用心智圖，為爺爺奶奶的武功想出三個

招式，接著宜芳老師會以規格來提問，引導學生逆溯檢核秘笈是否滿足應有的規格？例如，傳家秘笈作品規格（完整規格請參考步驟3）中，要求秘笈「要有難度及深度」，而且招式「不能只是流程及步驟」或「不用看秘笈也能知道」。

為了檢視幾個規格要求，宜芳老師將學生繪製的心智圖一招三式呈現出來，並提問「有像一本厲害的秘笈嗎？」（如圖7上）；又例如，作品規格上要求「秘笈主題是獨特有意思的」，且不能「招式和秘笈主題無關」，宜芳老師將學生的招式呈現，遮蔽秘笈的主題，提問「看得出來是哪一種秘笈嗎？」讓學生猜猜秘笈主題的名稱，檢視秘笈主題和招式之間是否有獨特的聯結關係？如圖7下，學生經由這樣的思考活動，發現「用心、細心、耐心」不論做什麼事情都需要，與主題的聯結不明顯。

宜芳老師也會帶著不同班級學生的作品到各班去交換分享，讓設計師們可以站在讀者的角度，互相檢視，產生跨班交流，也創造了社群的氛圍，不同班級的學生，有共同的話題可以討論，彼此也能相互激盪。

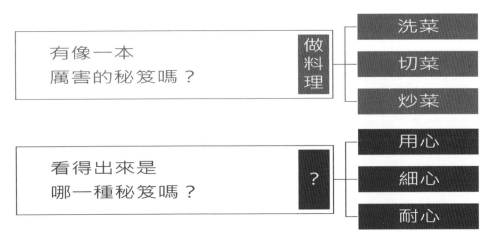

圖7・用規格檢視作品上課簡報

2. 用水準引導讓學生優化作品

在符合秘笈規格後，宜芳老師便透過水準（完整水準請參考步驟3）引導學生逐步優化作品，期待每本秘笈在精進之後，不但可以達到實力中等的水準，「能用文字及圖像將高齡者自豪、厲害的技能呈現出來，撰寫成一個有主題有架構的記錄」，更進一步要「能展現個人獨到創意，並用文字及圖像將高

齡者自豪、厲害的技能表達出來,成為一個與眾不同且有邏輯的『傳家秘笈』」,達到箇中高手的水準。

　　以圖 8 奶奶的老當益壯秘笈一招三式優化過程為例,1.0 版的秘笈主題為「健康寶典」,需要注重「睡眠、飲食跟運動」,這一版本已經具有主題也有架構了,且三個招式的排列,學生表示是根據重要性的邏輯構成。再經過與水準的互動後,調整成 2.0 版「老當益壯秘笈」,三個招式為「初階 - 閉目養神、中階 - 五行飲食、高階 - 日出而行」,如此調整讓秘笈更加有創意且與眾不同,在邏輯上也更清晰;接著 3.0 版,將構想繪製在秘笈作品的牛皮紙上,加上了小符號;再到 4.0 版,更精緻地為三個招式點出「必做重點」和「竅門」,還加上星號代表其功效。為了達到箇中高手水準,讓作品更具獨特性,學生需更仔細觀察奶奶的生活作息,找出奶奶專屬的獨特秘技。

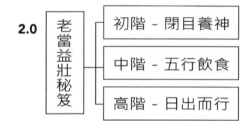

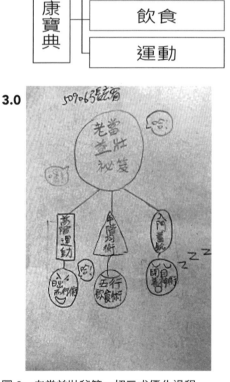

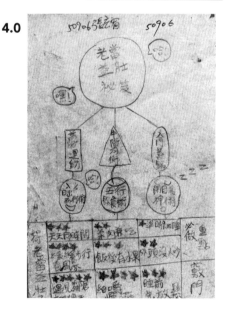

圖 8．老當益壯秘笈一招三式優化過程

藝術充電站

　　在藝術充電站，希望能夠協助學生往任務二藝術表現的箇中高手水準精進，做到「圖文的空間排版具個人獨特創意及均衡美感，除了能運用軟毛筆勾勒呈現物件的外觀形體，更有生動的情感表達」。在這個秘笈當中，爺爺奶奶是最重要的主角，宜芳老師剛好搭配五年級美術課「畫表情」的單元，教學生畫出各種生動或誇張的表情。

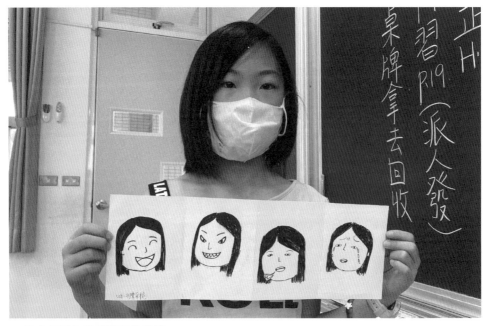

▲ 畫出各種生動或誇張的表情

　　此外，為了展現爺爺奶奶的武功，在藝術充電站裡第二件事，就是「畫動作的樣子」，課堂上宜芳老師教學生人體的比例、結構以及一些美術技法，並用木頭人或是請小朋友當模特兒，擺出不同姿勢，讓學生練習描繪人體動作。（見下圖）

◀ 木頭人模特兒

▲ 小朋友模特兒擺出各種不同姿勢，讓同學們練習畫動作的樣子，然後展示自己的作品

6　學生調整設計

　　每本傳家武功秘笈，就在這樣來回檢視修改、優化調整的過程中成形，下圖是《繩功》秘笈的優化歷程與最終成品。

　　在 280 本武功秘笈產出後，「興隆策展人」社團經過聚集、分類與詮釋後，

重新排列組合，為這些爺奶們「耍」出四項獨門絕派——「珍愛家人幫」、「琴棋書畫教」、「健康樂活黨」及「術有專攻派」，集結成「銀髮群俠 冠蓋雲集」特展呈現給觀眾。詳細展覽內容與導覽影片可掃描 QR Code 進一步了解。

掃我看線上展覽

▲「銀髮群俠 冠蓋雲集」特展入口

▲ 爺奶們的武功秘笈

▲ 四項獨門絕派展區

開展後，孩子們透過導覽，自信驕傲地說著自己爺爺奶奶的絕世武功；展覽結束，興隆國小將一本本秘笈納入圖書館藏書，爺爺奶奶的故事，也就繼續流傳下去，持續影響大眾，逆轉對長者的偏見。

▲ 各展區導覽

▲ 武功秘笈分享與觀眾互動

▲ 武功秘笈放在學校圖書館提供全校學生閱讀

宜芳老師說：「興隆國小的高齡議題探究課程，不僅讓學生獲得了知識與技能，更重要的是，讓學生學會如何愛惜自己、關心他人、回饋社會。我們相信，這樣的教育，才能真正為孩子們的未來做好準備。」

學生回響：一個關鍵概念，多元思考空間

學生在參與「師父重出江湖」課程任務後，對於這次的學習經驗，有什麼感覺呢？擷取幾則興隆國小學生的課後問卷回饋如下：

- 這次的課程是圍繞著一個主題，其實我們的結構很明確，關鍵概念也很明確，就是圍繞著一個主題，以前的主題都是分散的。
- 在這個點子實驗室中，老師其實會很清楚的告訴你任務是什麼？然後在黑板上呈現這個任務，包括大家該怎麼做？步驟如何？你還需要達到哪些規準？
- 在這個點子實驗室中的課程，我們大部分都是自己決定的，其實我有很多很多的空間。
- 平常上課的時候，我在講意見，同學都照做，可是很奇怪，在這個課程裡面，每一個同學都有意見。

從學生的回饋中，可以看到他們很清楚的意識到，這門課主題聚焦、任務明確、結構清楚，而且有具體步驟，以及清晰的規準指引的要求與期待。然而有趣的是，在這個看起來重重框架的課程中，學生在其中感受到自己的擁有權和多元展現的空間，每個人都有參與感，都有機會表達自己的想法和意見。

設計學習參與歷程——興隆教師的觀點

#對自身教師角色的期待

1. 從「很厲害的美術老師」到「用藝術拓展孩子的經驗與美感認知」

美術教育系畢業的宜芳老師，在專業訓練下，對於如何讓學生掌握美術創作的技術和方法，很有一套。過去大家對於她的評價是：「妳真是太厲害了，居然可以把普通班的學生教成像美術班一樣。」這樣的評價，就是她當時認為的價值。但藝術教育真的只是這樣嗎？美術老師的角色還可以是什麼樣子？參與了設計學習計畫之後，宜芳老師對藝術教育有不一樣的期待：

> 以前還是比較形式性的去看待孩子的色彩和構圖，對於他內在的部分，其實沒有很用心去看待，和欣賞他的作品。我自己覺得現在回過頭來看，有蠻大的省思，也給我教學上的思考。

> 所以我覺得，美的定義存在於孩子有沒有很認真，或者他是不是能夠享受在藝術創作的愉悅之中，是不是可以藉由藝術的知識學習，更多元的去拓展他的經驗與美感認知。我會覺得美的面向，還包含很多對於孩子的尊重，他認為這樣美，我們也要尊重他。

2. 從「獨立教學的美術老師」到「合作研究的學習夥伴」

在學校，每位老師有各自的專業，大多時候都是各忙各的。然而，廣達設計學習計畫的議題，需要跨領域合作，宜芳老師也跨出自己的美勞教室，與他人展開合作，讓教學這個工作，成為互相激盪與持續研究的歷程。

> 參與這個設計學習計畫之後，我的教學開始跟很多夥伴產生關係，因為需要跟不同的人合作，他們的教學想法會慢慢的給我一些不同的東西……？在日月潭那三天，我們就有很多的火花激盪，有很多教練陪伴我們產出，然後讓我們自己調整 1.0、2.0、3.0……。回到學校後，我們還是一直在修改，大家一起參與一起研究，平常大概不會做這樣的事情。

#讓學生成為專家，才能點燃學習熱情

每本武功秘笈的創作者，都是最了解爺奶獨門秘技的人，都是專家，所以老師的角色就是要「聽」孩子們在說什麼。宜芳老師說：「這個課程最大的改變，就是我們聽學生說的時間變多了。如果聽不到我們想的，我們就要不斷的追問，去釐清，然後他的脈絡就會出現。」

宜芳老師特別提到《祖傳鹹菜》秘笈的作者，平常害羞的他，在台上是如何自信地分享家中百年祖傳的鹹菜製作三招：「亂踩無影腳」、「天女撒鹽手」和「封菜保味功」，因為班上就只有他家會做鹹菜，他就是專家。「讓學生成為專家，才能點燃學習熱情。」宜芳老師很肯定的說。

#轉動議題的豐富性、脈絡性與意象性

設計學習計畫透過「議題」來統整學生的學習，期待在解決任務的歷程中，形塑連結學生主體性發展與在地關懷的學習文化，把被學科切割的知識與經驗，重新整合為能動性知識。

然而，議題融入學習並不是一件容易的事情，通常會面臨兩個挑戰：首先，是不易建立問題意識，學生對議題沒有感覺，認為和自己無關，或覺得議題沒有價值；再者，是知情意難以統整，學生常把議題當作資訊，簡化處理，缺少情意的涉入。興隆國小團隊嘗試透過有意識的學習設計，轉動出議題的豐富性、脈絡性與意義性，以三年的高齡議題為例：

1. 高齡不是一個數字，而是真實豐富的生命故事

對孩子而言，高齡太遠了，單從「數字」實在難以有感。興隆教師團隊透過任務設計，讓孩子在與長者真實的接觸與互動過程中，體認到數字背後累積了什麼真實豐富的生命故事：

◆ 幫外公壓背的小辰

109 學年度，青春不老愛相伴的任務二「愛在一起」，邀請學生去做祖孫可以一起做的事情。小辰找到了「幫外公壓背」這件事，也因為這個動作，她觸摸到阿公厚實的肩膀，感受到外公長年付出的勞力（圖9）。

◆ 為長輩繪製人生曲線圖的小允、小晶和小維

111 學年度，人生不設限的任務一「不老玩家」，邀請學生以小記者的身分

採訪長者，將所得訊息製成人生曲線圖。小允繪製了爺爺的運動生命如何轉彎，因而有不受年齡限制的運動人生（圖10）；小晶和小維也刻畫了阿婆年輕時如何努力生活的過程，因而創造出她們精采的人生（圖11、圖12）。

助外公一「背」之力
圖·文／小辰

　　我幫外公壓背時，觸摸他那強壯厚實的肩膀，我可以感受到他年輕時付出的勞力。

　　我助外公一「背」之力，希望他能因此擁有強健的體魄，成為永遠的「年輕外公」。

圖9·小辰〈助外公一「背」之力〉圖文創作

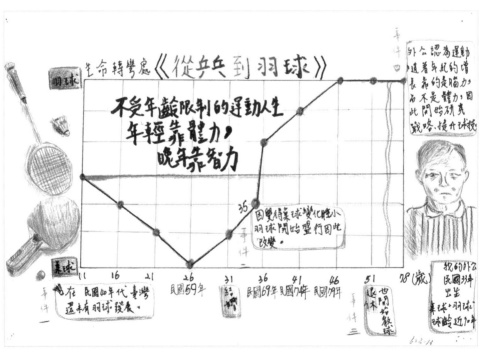

圖10·小允〈生命轉彎處–從乒乓球到羽球〉人生曲線圖

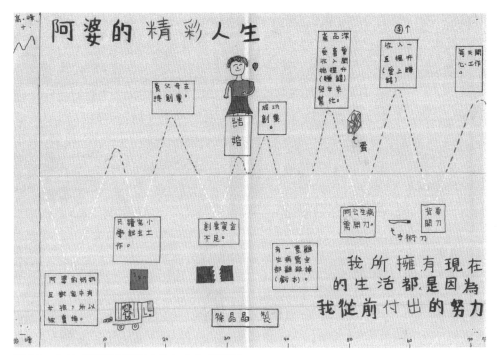

圖 11．小晶〈阿婆的精采人生〉人生曲線圖

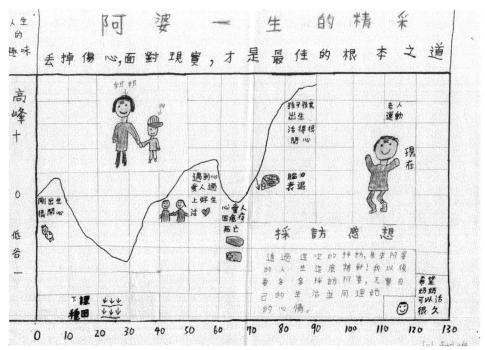

圖 12．小維〈阿婆一生的精采〉人生曲線圖

2. 高齡不是一個架空的時間點，而是複雜的文化脈絡

　　事物的價值，關乎其所存在的時空脈絡。興隆國小團隊透過規準的設計，引導學生站在不同時空視角進行探究。110 學年度「師父重出江湖」，向師父拜師學藝的弟子，至少要能「理解並表現『重出江湖』的意義」；若要成為箇中高手，更要能「在作品中總結重要概念或突出的內容，賦予『重出江湖』一個獨特的定義，逆轉老而無用的偏見」。於是學生要挖掘出爺爺奶奶在過去的「江湖」時空背景下，擁有哪些足以立足江湖的獨特「秘技」。在此過程中，學生亦將體認到，要理解高齡者的好，必須參照其所處的複雜文化脈絡，才更能讀出其價值。以下是幾位師父的武功秘笈：

▲ 小暄《奶奶的寢具秘笈》

▲ 小丞《翻山越嶺秘笈》

▲ 小毅《爺爺的神奇拖船術》

▲ 小昕《阿公的種菜秘笈》

▲ 小賢《林爺爺的寫詩大法》

3. 高齡不是「你」或「他」，而是「我們」

議題融入教學時，容易將議題簡化為客觀資訊，就高齡議題而言，也容易將高齡者視為一個客體或他者。興隆國小的任務，均需將抽象的想法轉化成具象的作品，並透過提問引導學生在擴散和聚斂間來回思考，不斷轉換視角，看見與反思，因而使主體涉入、形成感知、凝聚意象。

◆ 和阿嬤「愛在一起」跳老人操的小妤

109 學年度，青春不老愛相伴的任務二「愛在一起」，邀請學生去做祖孫可以一起做的事情，並將經驗以圖文作品呈現，過程中宜芳老師反覆提問兩個關鍵問題：「為什麼我們需要有人陪伴？」和「長者需要怎麼樣的陪伴？」引導學生反思，於是小妤的作品〈優雅的陪伴〉（圖 13）找到了祖孫間彼此關照，最優雅的陪伴。

◆ 「我形我塑」點亮未來的小恩和小杉

111 學年度，人生不設限的任務三「我形我塑」，在觀看了長者的生命經驗後，請學生轉換視角，「以自己為主角，酸甜苦辣的生命經驗做為背景故事，創作一個具代表性的雕塑作品，為成長所做過的努力封存滿滿的能量；在未來漫長的人生旅途中，遇到低潮的時期，這尊雕像會提醒我們曾經勇敢逐夢，點亮自己的未來。」這個任務將長者的生命經歷所轉化的智慧，與自己的生命經歷正在試探的不確定和挑戰，聯結在一起（圖 14、圖 15）。

圖 13・小妤〈優雅的陪伴〉圖文創作

優雅的陪伴
圖・文／小妤

　　雖然不情願，但在跳舞的過程中，我確實看到了阿嬤為了讓自己健康，為了讓孫女優雅而做的努力。
　　漸漸的，我不只是為了怕阿嬤碎念而去跳老人操，而是為了看到阿嬤努力且快樂溫暖的笑容才去的。

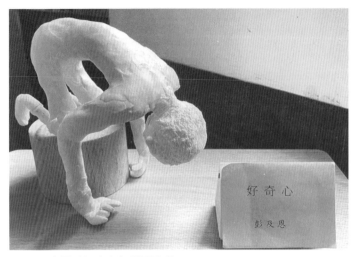

圖 14 · 小恩〈好奇心〉雕塑作品

好奇心
雕塑創作／小恩

　　這尊名為「好奇心」的雕塑，展現了一個彎身趴下專注觀看的孩童。這是作者的日常，也是我們長大成人後會逐漸遺忘的東西。好奇心讓我們發現了事物的奧妙，也讓人類帶來了科技與文明。

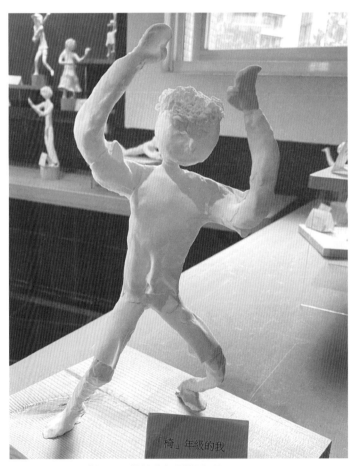

圖 15 · 小杉〈「椅」年級的我〉雕塑作品

「椅」年級的我
雕塑創作／小杉

　　「『椅』年級的我」作者一年級時發生的事件，因家庭因素造成情緒不穩定，有一回因不滿老師責備，一把舉起椅子想砸向老師，當下又覺得怪怪的，便在教室中呈現和老師對峙畫面，過了好幾分鐘才慢慢放下。學生看到自己的「礙」是衝動，也發現當下能冷靜下來，對自己是多麼重要。

興隆學習設計師的獨到心法

多年長期經營下來，興隆國小團隊發展出一套獨到的心法（圖 16）。整體來說，興隆教師團隊以關鍵概念為軸，以規準拉出空間和方向，學生的思考便在擴散與聚斂間來回穿梭，愈趨優化。透過 4C 等策略，讓信息轉化成創見；透過以終為始的任務，讓思考變得可見。

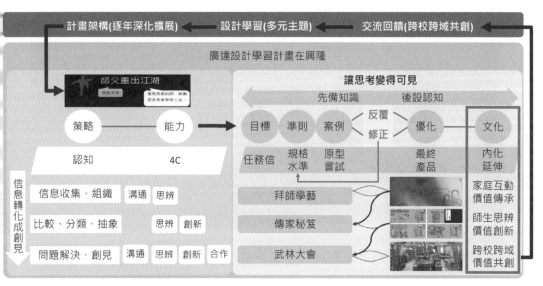

圖 16・興隆國小團隊獨到心法

#少即是多，用關鍵概念貫串任務

設計學習計畫對科任老師來說，是「課程時間切割」卻又要「以任務來統整學習」的矛盾挑戰。宜芳老師領會出「少即是多」的概念。但如何讓每一個少能凝聚成多？

如同在課程設計脈絡所述，宜芳老師以「關鍵概念」做為統整的軸心，也因為有了軸心，因此能累積每個分散的「一」，成為「整」，其具體做法如下：

1. 一個個小任務疊加

宜芳老師說：「我每一次上課就是一個小小的任務，最後就這些把它接成一個。」例如，在「回應 2030 的『大地訊息』」課程任務中，宜芳老師請

學生從綠蠵龜的角度對人類說話，「每一個人寫一個心聲，當然每一個人想法不一樣，最後歸納一個共同想說的一句話。」

2. 一個個小創意組織與共創

在教學時，宜芳老師會提供機會讓學生的創意彼此碰撞對話，然後把這些小創意組織起來，成為孩子們共創的作品。宜芳老師說：「最後我給他們一個組織把它接起來，匯聚成一個作品，這就是共創。」

3. 一點一點累積後自在展現

興隆國小有一個特別的「興隆策展人」社團，成員來自各班，負責以全年級 300 位學生的作品進行策展，由於成員只有社團時間能聚集在一起，所以宜芳老師每個禮拜一個主題，讓策展人透過品讀作品、下關鍵字、展品分類、展區命名、詮釋、導覽等歷程，完成一個展覽。因為都是自己一點一滴累積出來的成果，在導覽時，宜芳老師表示自己就「放飛他們了……讓學生很自在的去把他們自己學習的歷程說出來！」

#善用規準搭建出 1/2 魔法

設計學習的「規準」，指的是兩個重要的學習工具——「作品規格」與「表現水準」，宜芳老師善用作品規格「要／不要」所帶來的空間，以及表現水準「向度與層次」所指引的創意方向，搭建出 1/2 的魔法，轉動教與學。

1. 要／不要 vs. 對／不對

　　關於規格，設計學習以「要與不要」來設定作品的框架，相較於一般教學多給學生「對與不對」的判準，宜芳老師認為「要與不要」更多了空間與彈性。她說：「相較來說，要跟不要之間，其實它中間有一些彈性，對跟不對，是比較絕對的事情。」

2. 定向但彈性，發揮創意轉型

　　表現水準，是在學習目標向度上設定可能的表現層次。宜芳老師認為，表現水準使得「目標明確，但又保有彈性，在水準層次上鼓勵孩子能夠再往更多的方向發展，他可以有發揮創意轉型的方向」。進階的表現水準，指引學生可持續精進的發展路徑，是自主學習與創意轉型的鷹架。

● 願景與建議 ●

☚ 設計學習一句話

　　設計學習計畫，讓孩子學會學習。一改過去思考「怎麼教」的習慣，轉而思考學生「怎麼學」，改變思維模式，真正成為「學習設計師」。

☚ 給就要嘗試設計學習的你

　　在這個「學會學習」的過程中，教師可以怎麼做呢？宜芳老師建議教師可從布置情境任務、培養問題意識與活用策展思維三個角度來思考：

1. **布置情境任務，激發學習動機**

   學習的動機是學習成功的關鍵。廣達設計學習計畫透過布置情境任務，讓孩子們在真實的情境中學習，激發他們的學習動機。例如，在「有你真好」的任務中，孩子們將走入社區，探訪獨居長輩，並為他們設計一份禮物。這個任務讓孩子們意識到自己的學習可以為他人帶來幫助，從而激發他們的學習熱情。

2. **培養問題意識**

   主動探索在學習的過程中，提出問題是孩子們獲得知識的重要途徑。廣達設計學習計畫重視問題意識的培養，鼓勵孩子們敢問、會問，並從問題中找答案。在策展任務中，孩子們將面臨各種挑戰，需要不斷提出問題，解決問題，這個過程幫助他們養成了主動探索的學習習慣。

3. 活用策展思維

培養專業能力策展人是一種特殊的職業，需要具備多方面能力，包括溝通能力、解決問題的能力、說故事的能力以及領袖魅力。廣達設計學習計畫將策展思維融入教學，幫助孩子們培養這些能力。在策展任務中，孩子們將扮演策展人的角色，從策畫到執行，全權負責一個展覽。這個過程，幫助他們將所學知識運用到實踐中，並提升了他們的多元能力。

—— ◆ ◆ ◆ ——

最後提醒老師們：繪畫留白，課程亦是。這是設計學習與宜芳老師的 1/2 魔法。宜芳老師說：「繪畫需要留白，課程也是。課程留白是要讓學生有自由發展的空間，如同繪畫以無勝有的留白藝術，具有更高的審美價值。廣達設計學習計畫在課程設計上留有空白，讓孩子們有機會探索自己的興趣和潛能。在這個過程中，孩子們將逐漸形成自己的個性，並找到自己的人生方向。」

第 12 章

臺北市光復國小
——〔數位〕時光音樂寶盒

　　臺北市光復國小成立於 1964 年，位於信義區中山公園旁，緊鄰國父紀念館與臺北大巨蛋。學生多搭乘捷運上學，在校一抬頭就可看到臺北 101，走路十分鐘便可到臺北市政府，是一所位於都會精華區的公立國民小學。學生人數眾多，校園活潑有朝氣。

　　在這裡擔任老師，必須持續研發具挑戰性的課程與創新教學，希望能激發學生的學習興趣與動機，並回應家長們對子女未來競爭力的期待。2020 年廣達設計學習計畫，首次徵求數位任務夥伴學校，光復教師團隊多有資訊教育背景，因此，與學生的生活經驗相關，能引發好奇心和探索動機的廣達設計學習計畫，就進入了這所校園，且持續至今。老師們將教室轉化為點子實驗室，一步步地展開孵化數位設計師的基地行動。

#光復團隊：與孩子們「一起破框」

　　資訊教育專長跨足藝術領域教學的建奇老師，邀請 20 多年的同學怡秀老師，謙稱「傻傻二人組」，在暑假教師工作坊，一起童心未泯的為學生設計前所未見的任務，希望能引導學生創作出感人且富意義的數位裝置。而且返校後，很慶幸得到高年級導師佩育、資訊岳良、蒨妘（第二年）等多位老師的認同，教師團隊遂於開學前密集的設計學習。

　　開學後，老師們更利用每週四、五下班時間，進行課前準備和課後修正討論。這樣有紀律的研討過程，讓光復團隊每位老師更有信心，以不同的角色，相輔相成，參與孩子們的學習。從學生的回饋中，獲知孩子們都很喜歡並且期待這課程，並希望隔年能繼續。這對學習設計的老師們而言，是莫大的鼓勵！

　　全球 Top50 的管理思想家艾米妮亞・伊貝拉（Herminia Ibarra）曾謂「破框」意指：「你必須直接採取行動，去體驗並挑戰某個轉變，在這過程中，新的想

法才會被激發出來。然後你就能用這些新的想法，去修正自己的步調，思考未來的目標該如何調整。」（Ibarra, 2015/2020）光復國小教師團隊參與設計學習計畫多年，亦經歷了上述「破框」的過程：他們願意接受挑戰，採取行動，體驗設計學習帶來的轉變；而後在轉動教與學的過程中，老師們獲得領悟，又促動持續的修正，形成有機的課程觀（黃，2001）。

▲ 光復國小老師似顏繪。（左起）數理背景資訊專長的建奇老師；數理背景體育專長的怡秀老師；資訊背景導師佩育老師

◆ ◆ ◆

　　回顧數位任務其他學校教師的分享，也能感受到老師們勇於破框的精神。而這允許並鼓勵破框的學習氛圍，也推動著孩子們持續發揮創意，在行動中更認識自己的潛力並持續精進。

- 對於程式語言以及各項感應元件的不熟悉，使我在引導孩子執行任務時的想像有所限制，很擔心這個行不通那個行不通，也間接限制了孩子的創作。但夥伴說：「你不做下去，哪知道哪裡有問題？」是啊！萬事起頭難，唯有動手做了之後，才知道難處在哪，也才能逐一破解。（臺東／良苑主任／國小）

- 我覺得以往帶學生們拿的那些獎項，不如我剛剛講的這兩個孩子給我這麼大的感動（陪伴一個學生做他想做的課外實驗，提攜一位低成就學生學習他有興趣的電腦維修），所以，我才會想要踏進這裡，想看看有沒有機會，從一個教書匠變成一個真的比較有引導能力的學習設計師。（苗栗／維璋主任／國小）

- （第一年）在這之前我並沒有覺得我的教學需要改變，……直到期末（論壇），我才跟同事說，我覺得我們都沒有做到，我們還是在做教學設計（非學習設計）。……所以，（第二年）我們就很給空間，沒有給學生太多限制，一步一步的引導……發現平常睡覺的學生醒來了。……於是我們想，有沒有可能不光是在廣達課程的時候，他很開心，眼睛有光；而回到班級上數學就又沒有光了。所以，我們現在第二階段就在想，如何將這樣子的學習可以延續下去。（臺南／佳琳老師／國小）

- 設計學習計畫以「任務導向學習」、「設計思考」改變教學現場，我希望將來教出來的學生不再只是「知識的巨人，手作的侏儒」，而是具備「關鍵思考」、「團隊合作」、「溝通能力」及「創造創新」4C素養的學習者。而我也與學生一同成長，看到自己的價值與努力的意義，是件幸福快樂的事。（高雄／桂芬老師／國中）

 # 設計學習在光復

掃我看線上展覽

　　光復教師團隊從 109 學年度起，陸續設計了「時光音樂寶盒」、「自在隨身法寶」、「愛運動家私」及「音療師」等課程，相關資訊如下表，上述課程均可於廣達設計學習計畫線上展覽平台瀏覽。

學年度	類別	參與模式	年度議題	任務名稱
109	數位	夥伴學校	七老八十新契機（同理）	時光音樂寶盒
110	數位	夥伴學校	超潮耍老派（契機）	自在隨身法寶
111	數位	學習設計師	無礙無齡（逆轉）	愛運動家私
112	數位	學習設計師	韌性家園	音療師

光復 1/2 魔法課程：時光音樂寶盒

　　「時光音樂寶盒」這個課程的起源，主要有鑑於祖孫世代可能的距離，希望透過執行 NBS 任務，思考並學習如何與長輩相處的議題。

　　當時，廣達設計學習計畫的年度共同議題是「七老八十新契機 - 逆轉高齡

的社會與人生」，由於高齡社會與長照議題備受關注，許多比賽主題也多少與「高齡」有關，老師們對這個議題不陌生，但年紀尚小且身邊甚少有長輩同住的孩子幾乎無感。因此，光復團隊趁著暑假集思廣益，設計能促進學生主動探究的前導課程三部曲。

1. 擴大覺察需求問題：光復教師團隊先從《我的冰淇淋阿嬤》、《老爸的味道》這些影片，引起動機，與學生討論「逆轉高齡」的價值。

2. 關懷訪談：有了逆轉的意識後，教學團隊請學生跟家中長輩訪談他們喜歡的音樂，了解長輩那個年代聽什麼音樂。學生們在訪談中感受到長輩帶給他們的驚喜，例如他可能只是說：「阿嬤，請您提供三首歌給我。」結果阿嬤很興奮地提供了一大串歌單給他；然後跟阿公阿嬤聊很久，學生才發現，「哦，他們（阿公阿嬤）那個年代聽的都是日文歌。」跟現在很不一樣，別有不同的韻味。

3. 記錄分享：請學生上台分享他們彼此訪談的結果與發現，求同存異。

———— ◆ ◆ ◆ ————

可貴的是，光復團隊同時審慎構思如何結合運算思維於課程（如圖1）。

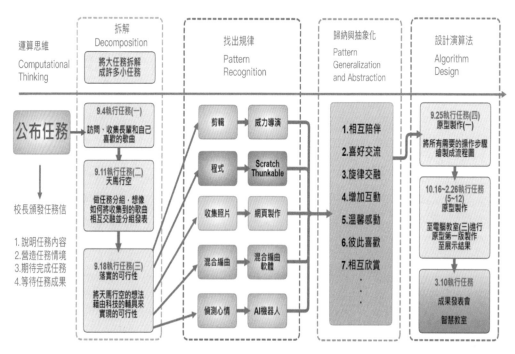

圖1‧「時光音樂寶盒」設計學習之運算思維

整個課程從上學期開始，持續到下學期三月左右，每週五午後一兩節課，學生可充分沉浸在前所未見的任務主題探究中。

第一堂課先是頒發任務信，接著師生合力拆解任務（拆解），訪問學生家中長輩並蒐集歌曲，進行分組學習，此階段學生可盡情天馬行空的想像「音樂如何交融」（圖2）。之後，對照規準，判斷想法的可行性，老師引導探索解方的規律（找出規律），歸納共通的、重要的概念（歸納與抽象化）。然後，各組躍躍欲試，開始設計 UI 與數位裝置的使用流程（設計演算法），製作成果展示板與作品原型。

最後，當然就是緊鑼密鼓準備最期待的成果發表會。整個課程結合運算思維，完整經歷創造思考的準備、醞釀、豁朗與驗證四階段（Wallas, 1926）。

◆ ◆ ◆

這次光復國小成果發表會亦是學生設計團隊的產品說明會，全班作品共有七項：Fun in music、心情點菜單、猜猜音樂樂、雲寶、Fly music、麻糬兔兔音樂盒和超越時空的互動。產品展示方式為海報，加上各組的研發歷程紀錄片，以及產品原型，如圖3。

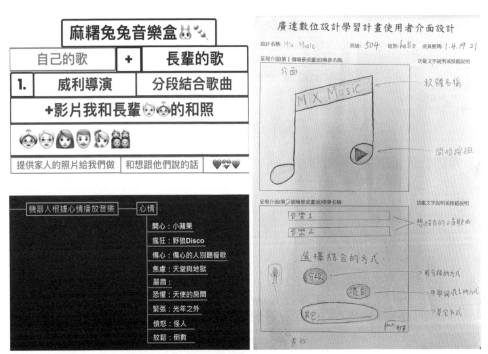

圖2・音樂如何交融？學生們的設計初稿有著天馬行空的想像

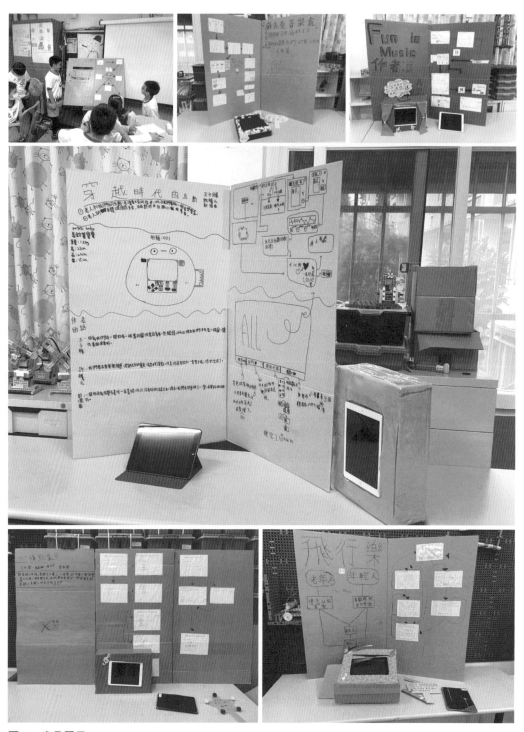

圖 3 · 產品展示

在各組說明後，開放與會者（投資者）投票，最後得到投資者最多票數的就是優勝者。為此，現場學生們莫不卯足了勁，展現所設計的作品特色與實用價值。

光復團隊表示，讀者可能會以為圖1這個流程是老師們事先想好，其實不然。最初老師們一直在想，要如何結合運算思維來設計課程，但只有上位的概念（拆解、找出規律、歸納與抽象化、設計演算法）。接著就先做一步，再思考下一步怎麼做。

團隊老師互相提醒、修正，同時蒐集學生每堂課的意見，邊做邊修。圖1就是在計畫結束後統整歸納完成，此時也才發現，原來這趟學習旅程如此豐富，這課程是師生共構，在彼此互動中演化開展出來的。

 什麼是我要教的？

老師們經過多次討論，希望學生能透過執行「時光音樂寶盒」任務，思考並學習如何與長輩相處的議題。其中，「逆轉的」關鍵概念是：音樂交融，關注的 4C 是溝通。期望在探索音樂如何交融的歷程，啟發學生對世代溝通的觀察、省思與創意。

 界定一個問題

頒發任務信時，老師們引導學生思考「如何逆轉高齡的社會與人生」相關問題，例如：我們可能無法時刻跟長輩們在一起，關心長輩，除了面對面聊天，還有什麼方式呢？

經過一番討論後，聚焦出以下關鍵問題：

- 如何交融兩代音樂——什麼樣的交流，可以克服物理上的距離，拉近我們的心理距離？
- 如何運用數位裝置達到不同世代的音樂交融？

最後，老師邀請學生們一起「設計一個前所未見可以達到音樂交融的時光

寶盒」，思考如何以「音樂」為媒介，搭起溝通的橋樑，認識「樂曲」及「科技輔具」，設計出高齡者跟新興世代全新連結的「時光音樂寶盒」。

 提出一個前所未見（NBS）的挑戰任務

▶▶ **任務信**

音樂寶盒設計師：

　　你有多久沒有跟家裡的長輩對話了呢？除了「吃飽了沒？」還說了些什麼？除了食衣住行外，你了解他們嗎？知道他們擅長什麼嗎？或者他們喜歡什麼嗎？

　　生活在這個數位的時代，我們隨時接觸到最新的數位產品，例如：手機與平板，這些為我們的生活帶來了許多便利的溝通，也讓我們取得知識更方便快速，但是，卻讓人們的接觸變少了。

　　尤其社會上有許多長輩，喜歡跟大家分享與互動，而透過與長輩互動的過程，你也能更加了解他們的經歷，甚至還能找出你們共同的興趣呢！例如當長輩提起年輕時候的求學經歷，你是否聽得津津有味，甚至崇拜他們呢？

　　現實上我們可能無法時刻跟長者們面對面聊天，想想如果要與他們互動，還有什麼方式呢？如果你有需要長者幫忙的時候，可以利用什麼方式呢？各位音樂寶盒設計師，善用你們對資訊科技的了解，讓兩代可以共同交流出跨世代火花吧！

　　這個任務與廣達文教基金會共同合作，邀請各位設計師以「音樂」為交流的主題，透過彼此欣賞不同世代的歌曲，嘗試將音樂做新的融合，創作一個前所未見的「交融」「交流」時光音樂寶盒，讓長者與我們可以音樂交融。

　　（略）前所未見時光音樂寶盒的規格。

期待您與同學一同完成這個前所未見的數位任務，在這個學習歷程中，體會付出的樂趣，與收穫的滋味！

委託人
臺北市光復國小 校長 賴俊賢
廣達文教基金會 執行長 徐繪珈

設定評量規準

▶▶ 規格

要	不要
• 要訪問蒐集年長者喜愛的音樂。 • 要能將蒐集到的年長者喜愛歌曲和自己喜愛的歌曲做分類。 • 要能欣賞並融合銀童世代不同屬性的音樂。 • 要設計出可以讓銀童世代音樂交融的時光寶盒。	• 不要只是蒐集歌手的名字而已。 • 不限於自家長輩。

讓學生嘗試

　　學生在點子實驗室裡，依據所關注的情境（人事物），進行 NBS 任務的多方嘗試與學習。整體而言，步驟 4 讓學生嘗試並非盲目的試誤，光復團隊歸納出以下三個實施原則：

　　1. 留白：老師引導概念（音樂交融），學生詮釋觀點，開展主體性的探究。

　　2. 空間：老師營造情境（點子實驗室），學生打開視野，積極對話與連結資源。

3. 鷹架：老師搭建鷹架（討論作品規準），學生自主行動，體驗探究與實作的樂趣。

5 ▶ 引導課程教學

老師們觀察學生原型嘗試的表現與需求，評估學生現況與預期目標的距離，提供學生設計思考或運算思維的體驗課程，以及點子實驗室內的「任務充電站」，指導學生運用點子筆記本捕捉靈感，促進溝通、合作、思辨、創造等 4C 轉化。相關的引導課程教學（如充電站的實施），請詳見「設計學習參與歷程」。

6 ▶ 學生調整設計

最動人的風景是，學生在點子實驗室裡積極地進行原型嘗試，以及製作展示其運算思維的海報與數位裝置。老師在期間穿插階段性的小組報告與討論，引導學生互相觀摩與交流。透過促進溝通、合作、創造與思辨，學生在不同的可能間來回測試，發現問題，解決問題。最後，透過成果發表，展示學習歷程與作品，並獲得多方回饋，以持續調整設計。

#學生回響：琢磨任務概念，擴大設計思考

「時光音樂寶盒」是光復團隊第一年的設計學習計畫，在團隊教師用心的實施下，獲得學生許多肯定與回響。有學生提到，會一直思考如何讓跨世代進行「音樂交融」？針對「融合」這個概念的琢磨，讓小小設計師有了發揮想像、思辨與創新價值的空間，學生們的溝通與合作能力也有所成長。

- 這堂課不需要課本，我們要自己去思考、去解決問題。
- 點子實驗室的課，讓我的想法變多了。
- 我們一直在思考，如何用軟體來詮釋「歌曲融合」這件事。
- 我覺得我更會發表了。

- 我能表達自己的意見，比較不會那麼害羞。
- 我覺得最難的地方，就是大家意見不合的時候，我會請大家一個一個說。
- 我認為最難的是寫程式，我會請教有上程式設計的同學。
- 我覺得上課多了更多的活動，讓我更想上學了。
- 不固執己見了。
- 打字速度變快，會用電腦。
- 我覺得自己好像更喜歡跟別人合作，一起完成任務。

— ◆ ◆ ◆ —

「這樣上課的思考方式很有趣，讓我比較想上課。」就是這樣一句話，支撐著光復團隊繼續在廣達設計學習的道路上邁進！

行筆此際，光復團隊的數位任務設計學習計畫，已悄悄邁入第四年。團隊教師表示這一路的心情很奇妙：「第一年栽進來是年少無知；第二年繼續是有點不甘心僅止於此；第三年想想孩子們，咬著牙又交出了報名表；第四年……甘之如飴。」

設計學習參與歷程——光復教師的觀點

#挑戰～走出自己的模式

光復團隊老師於 2020 年（109 學年度）第一次參與暑假工作坊時表示，暑假工作坊雖然只有三天，但接收的資訊量很大，要挺住慢慢熬，你會因學習設計的理念轉化，感到興奮。

笑容可掬的建奇老師形容說：「要像鐵蛋一樣慢慢熬，像巨蛋一樣慢慢蓋，像 101 一樣挺住就對了！」而充滿好奇的怡秀老師也表示：「很久沒如此燒腦過，雖然疲累，但內心很是雀躍，想到不久後就能將在這裡所新學的知識帶回去給學生，就很興奮！」

建立團隊共識與合作默契，進而逐步形成適合光復師生的學習模式，是一挑戰。以下是光復團隊覺得設計學習計畫頗富巧思的學習設計：

1. 儀式感

為了讓學生重視這個專案，特別邀請校長來頒發任務信，任務信上有校長

和廣達文教基金會執行長的簽名。用心的校長念了任務信內容，並確認學生都了解接下來的挑戰後，由班長代表全班接下這個任務，每位學生帶著滿滿的使命感，期待著後續大展身手。

頒發任務信代表學習的開始，任務信揭示了與切身相關的重要議題與需求，使學生了解這項學習任務的目標與價值。國中數位任務信的頒發，可掃描 QR Code 欣賞高雄市五福國中的設計。

▲ 校長頒發任務信

2. 自主性

「老師，我們真的能設計出自己的作品嗎？」孩子們問這句話時，帶著期待又擔憂的眼神。

「對，想設計什麼就做什麼！」光復團隊表示，整個學習過程，學生自主性的發問、找資源、研究與統整，發表後再修改，自主探索、討論、釐清流程與設想細節、製作原型等，老師們唯一要做的就是忍住！不要急著教！確認學生的學習進展及所需支援與資源即可。

為釋放學生的點子，老師們先讓學生可以天馬行空的想像，每週五下午固定會有一至兩堂課，讓學生進行任務的討論。學生們練習使用平板，將討論後的結果，用心智圖呈現，然後上台發表，說明他們遇到什麼問題，有什麼好的解法，怎麼樣將長輩的歌曲融合等。教師們觀察並肯定學生在溝通、合作、思辨與創意上的 4C 好表現，特別是能重視並整合每個人想法或創意的小組，以形塑點子實驗室主動學習的文化（圖 4）。

圖 4 · 點子實驗室的學習風景

3. 任務充電站

　　為了幫助學生可以自主完成任務，同時鼓勵學生主動提問，老師們開設的充電站很重要，學生們可在充電站開放時間內，隨時找專家解惑，主動問問題，再回去進行探究（如下圖）。

▲ 充電站 1：岳良老師，任務策略諮詢

▲ 充電站 2：怡秀老師，任務定向諮詢

▲ 充電站 3：建奇老師，任務邏輯諮詢

4. 學生體驗活動：設計思考

　　2020 年 11 月初，廣達設計學習計畫教練特地到學校，帶領學生展開長達 4 個小時的設計思考體驗課程（圖 5），並於課後留下近 2 小時，與教師團隊討論，聚焦學生的學習，探索目前可能的不足。透過交流對話和腦力激盪，使光復團隊更有信心持續因應學生的需要，調整教學策略。

圖 5．帶領學生體驗設計思考五步驟

5. 發表與交流

　　最終的成果發表會，學生期待有家人的參與、師長來賓的點評、鎂光燈的焦點，以及一個專案暫時的句點。設計學習計畫提供了一個具挑戰性的目標，在專案執行過程中，形成一股強大的拉力，鼓勵著所有人向前，讓大家有種非完成不可的使命感（圖 6），也因此發表會結束後，學生仍不時有新的想法，持續調整修正。

▶ 成果發表會

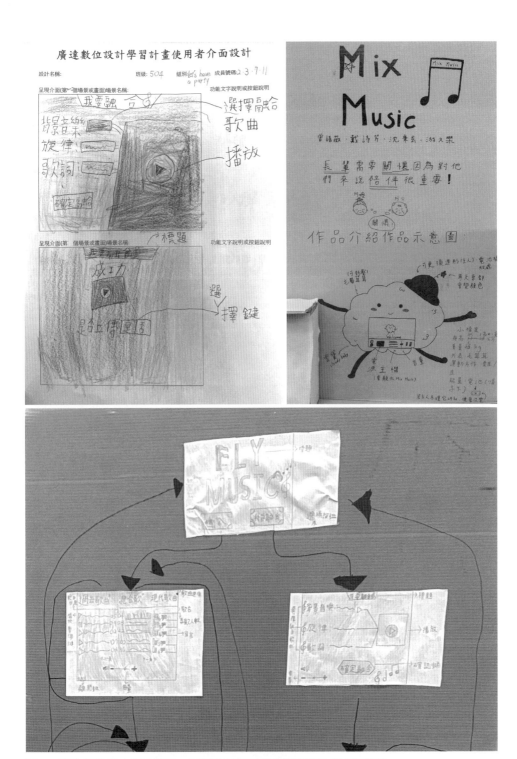

圖 6 · 學生經過多次測試修正，呈現出更有運算邏輯與設計創意的思維

發表會前，師生都不知道會有多少家長參與，畢竟這是不在課表上的一門課。沒想到當天來參與的家長，擠爆小小的發表教室。開放校內學生參觀後，大家也不知道會有多少班級來觀摩，而當天來參展的同學，也讓整個會場熱鬧非凡。這個成果發表會，讓團隊教師跟學生們都得到滿滿的回饋，也讓老師們在新的年度有信心再度參與。期待透過設計學習計畫，師生共創一個孵化數位設計師的基地（圖7）。

圖7・成果發表會的互動交流

#不斷更新，再挑戰

2021年廣達的年度議題是「超潮耍老派」，這個議題十分有趣，讓人有無窮的想像，同時延續著「逆轉高齡的社會與人生」這個主軸，可深化學習，光

復團隊決定迎接第二年計畫新的挑戰，自我更新，並嘗試不設限最終作品的形式。團隊教師在暑假工作坊密集的討論，設計了「自在隨身法寶」這個任務。因為學生跟教學團隊都有了第一年的經驗基礎，第二年光復團隊大膽地「不設限」最終作品的形式，只要學生遵循著任務信上的規準，鼓勵更多元的創意展現。以下是這次任務的邀請與作品規格。

各位自在隨身法寶設計師：

　　這學期我們要接受的是什麼挑戰呢？請打開你的隨身包包，查看哪些物品是你每天都會用到的？哪些物品是你每天都用得很開心，且迫不及待要跟同學們分享的？哪些又是有人好心建議你使用，你卻不是很常用的東西呢？

　　請你就「隨身物品的使用」這主題，觀察並訪問家中的長輩們，是不是跟你有相似的困擾呢？可能因為擔心跌倒，所以買了拐杖，但顧慮他人眼光而很少使用；或因為聽力退化，所以配了助聽器，又因不希望別人認為自己不健康而不使用。這樣的狀況真的很傷腦筋呢！如果希望長輩們多多使用這些對自己有好處的物品，能像你一樣有著想和朋友分享的快樂心情，我們可以怎麼幫忙呢？

　　各位自在隨身法寶設計師們，這一次學校與廣達文教基金會合作，希望你們能以長者的需求為出發點，為他們打造出一個前所未見使長者自在使用的隨身法寶。這個法寶還要使用起來很炫、很酷又很潮！做為一個稱職的設計師，絕對不能忘記使用者的需求，所以過程中千萬不要忽略他們的意見喔！

　　這是一個極難的任務喔，你有信心接受挑戰嗎？

要	不要
• 以70歲以上的長者為研究對象。 • 要能回應長者自在使用的需求。 • 要針對長者需求，設計隨身法寶。 • 隨身法寶是每日都用得到的東西。 • 要能是跨齡使用的法寶。	• 不要只以單一類的長者為研究對象。 • 不要只是滿足一次性的需求。 • 不要是只有長者才可以使用的產品。

委託人

臺北市光復國小 校長 賴俊賢

廣達文教基金會 執行長 徐繪珈

——— ◆ ◆ ◆ ———

　　學生們最終的作品對「自在隨身法寶」六個字，各有不同的詮釋與不同的關注面。由於作品形式不設限，最後產出 9 件設計，可劃分為兩大類：第一類是「App」，有失智超剋星、猜猜樂、記憶時光機、隨身記憶法寶等四項；另一類是「實體實物類的研發」，有 GPS 定位吊飾、四季帽、太陽能定位電風扇、神奇耳機和鋼鐵帽等五項，如圖 8。

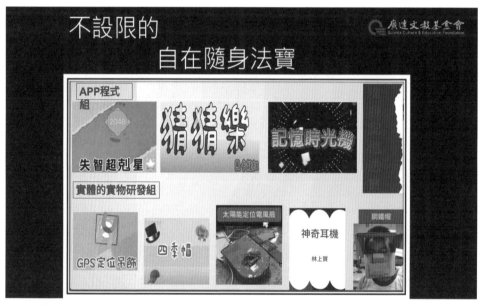

圖 8．「自在隨身法寶」九項作品

　　由於學生們對於第一年辛苦摸索的經驗仍記憶猶新，因此，第二年老師們簡化了許多流程（圖 9），將重點放在學生們如何運用第一年的經驗來進行第二年的專案。進入第二年，可以看到學生針對自己想解決的問題，非常開放的探索。不過，由於學生的想法奔放，以至於每兩週老師們就要再搬出任務信把小孩拉回來。如此一放一收，有如放風箏般的教學歷程，雖然讓團隊教師在過程中吃足了苦頭，但學生們的成果創意依舊令人激賞。

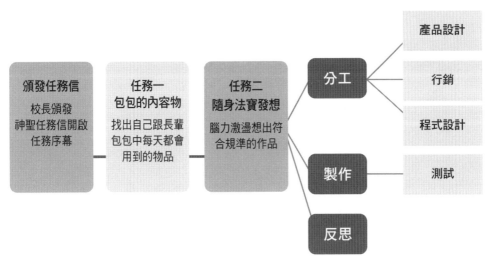

圖 9 ·「自在隨身法寶」的學習流程

　　如同第一年，校長頒發任務信的儀式，依舊是開場的重頭戲，這讓孩子們能快速投入所賦予的神聖任務中（圖10）。這學期光復團隊多了一位老師參與，充電站也因此更豐富了，有學生遇到困難或瓶頸，或想要突破的時候，都知道隨時可以勇敢的主動尋求諮詢，獲得資源與支援（圖11）。

圖 10 · 校長頒發「自在隨身法寶」的任務信

圖 11．任務充電站：任務邏輯諮詢、任務定向諮詢、任務策略諮詢

#風箏怎樣才能放得好：如何刺激多元探究，又能聚焦獨特觀點

　　「設計學習計畫中，學生最終的作品形式是否要一樣？」在暑假工作坊的一晚，建奇老師與室友偉仁老師提起了這個問題。他非常喜歡光復小朋友勇於和別人不一樣的創意，他說：「光復小朋友就是有一種看到別人這樣做，我就不要這樣做的特質，所以在超潮耍老派中，我們看到光復小朋友的作品各式各樣。」

　　有趣的是，建奇老師也很欣賞興隆國小宜芳老師帶出的學生作品（策展任務「師父重出江湖」），偉仁老師就問：「可是興隆學生的作品形式都一樣耶，都是爺奶的武功祕笈，但是觀點、內容非常多元。」關於這個問題，光復教

師團隊想了許久。

暑假工作坊第三天，建奇老師似乎有了些頓悟，他表示：「聽了三校發表後，發現大家都有一個同樣的狀況，就是學生將來做出來的最終作品，可能形式會很多樣，如此學生的作品就會比較淺，無法深入。如果像會呼吸的房子或興隆的祕笈，學生比較能深入去做（技術或功能或詮釋觀點）。」偉仁老師不禁讚嘆，建奇老師真是能開闊心胸，自我轉化的武林高手。

回顧光復國小第一年的「時光音樂寶盒」與第二年的「自在隨身法寶」，很明顯的，第二年的學習採取了更開放的取向，學生也確實得以優游於自己關心的專案中，最後的創意也令人激賞。但一次九個專案同時進行，再加上有時學生難免會失焦，相關知識猶待充實，老師們「吃足苦頭」。就像放風箏般，一方面要鼓勵學生多元探究（放），另一方面又要施點力讓學生能聚焦獨特觀點（收）。如何將「風箏」放得好，一直在困擾著老師們。

光復團隊表示，因應上述問題，當下的做法是：

1. 回到任務信與規準

老師們會再次從任務信出發，與學生討論，這些發散的想法裡面，有哪些符合任務信的規準？

2. 有意識的提問

小組內部天馬行空的討論後，接著安排上台發表，指導同學們有意識的提問，老師也一起加入討論，這時就會刺激他們轉換想法，或更仔細周全原始的設計，認真思考這個想法到底如何落實，以及可行性如何？最後，他們就會去歸納整理，將擴散的想法再聚斂起來。

3. 製作流程圖、心智圖

有效的討論要輔以資訊視覺化的整理功夫，以捕捉乍現的靈光。這部分頗需要指導與練習。學生在製作流程圖、心智圖時，便會發現缺失或可能卡住的地方，這時就需要再討論。

#勇於破框，學習不設限

當學習不設限時，更要不斷省思帶給學生什麼樣的學習，適時地拆解任務，協助釐清目標。光復團隊勇於破框，讓學習不設限，也因此，老師們不斷反思學生獲得了什麼？以及什麼是重要的學習目標？

第一次參與廣達計畫的岳良老師表示：「課前團隊腦力激盪構思任務主題和架構時，我感受到老師們的熱誠；課程進行中，我看到孩子們的成長：從對主題感到陌生變熟悉，從好像在大海撈針到精準目標，從想法天馬行空到能梳理出詳細的架構圖。最後，看到孩子們上台發表，展露自信滿滿的神情，令我動容！」這背後老師們付出了相當大的心力。

回顧第一年光復團隊設計「時光音樂寶盒」任務時，花了許多時間，將運算思維的觀念帶入學習，輔導學生將大任務拆解出許多小任務，釐清目標（協助定錨），以收斂過於發散的想法。例如，老師們先示範如何拆解任務為一個個的小任務，共同討論落實想法的可行性步驟是什麼？如何借助科技輔助落實想法？然後加以歸納，像是運用剪輯、運用程式、蒐集照片、混和編曲、偵測心情等，鼓勵學生找出哪些科技可以應用，達到想要的目的（釐清目標），比如可以跟長輩相互陪伴、相互交流、旋律可以交融、可以增加互動，還是可以溫馨的感動彼此，彼此都會喜歡，甚至彼此都會欣賞不同世代的歌曲……等。

岳良老師說：「看著孩子們成長，我不斷省思要教給孩子們什麼？是知識技巧還是解決問題的能力？是獨立自主還是團隊合作？是避免風險還是勇於挑戰？我察覺到知識技巧並不是最重要的，反倒是培養邏輯思考、團隊合作，使能充滿自信迎接挑戰，才是我想教給孩子們的核心價值。感謝教學夥伴和孩子們，讓我在教學價值觀上有所成長。」

綜觀設計學習計畫的夥伴學校與學習設計師們，可以發現，除了對設計學習計畫的年度議題（如逆轉高齡的社會與人生）有所共鳴外，4C（溝通、合作、思辨、創造）的培養，亦是許多老師重視且盡心實踐的價值。

#任務，不只是作業

設計師心有所感，有所體驗與體會，才能賦予作品生命，這時任務就不只是作業。

光復老師們對學生的觀察入微，發現到要讓小小設計師們心有所感，有真正關懷的對象，學習才可能永續。如 A 生非常喜愛 3C 及電腦、程式，所以頒發廣達設計學習任務信後，他很開心，也理所當然的成為小組專案的領導人。每個階段，A 生的小組都能及時完成，甚至領先各組達到最後項目上機實作。

不過，很可惜的是，A 生少了一點熱情，所以作品完成度雖然高，精緻度卻不夠好。

相對的，B 生想為疼愛他的爺爺創作神奇耳機（想利用現有的無線耳機改造），他的學科表現並不太好，所以在校很少有讓他自信發揮的項目。在廣達的專案中，他每堂課都很積極投入，從發想、設計到製作，秉持著為了最愛的爺爺而創作。在成果發表會中也主動表示，他會持續探究，讓爺爺也能溝通無礙的神奇耳機。

因此，擴展學生的關照面，深化體驗與體會，著實重要。

回顧第一年學生作品的主角，主要是家中長輩，第二年老師們希望學生的關照面能向外擴展，因此構想讓學生有機會親身體驗老人家的不便，有了這樣的經驗後，或許更能設計出貼心的作品。於是，光復團隊邀請弘道老人福利基金會到校讓學生進行「彭祖體驗 - 你老是這樣」的活動（圖 12）。

這個活動讓學生輪流穿上高齡體驗裝，扮演老人及擔任孫子協助老人，實際感知長者的不便與需要，並學習與長者相處、表達關懷與非暴力溝通的技巧。學生在體驗過後，對年老有了更深的體會。有學生表示，經過體驗，覺得老了好辛苦，更需要美好的設計。

圖 12・彭祖體驗

#點子實驗室讓 1+1 大於 2

經營點子實驗室，鷹架學生的學習，引發學生持續主動的來回測試與精進 1+1>2。

光復團隊以一個班級為基地，執行設計學習計畫數位任務，引導學生探討切身相關的重要議題，培養學生的設計思考與運算思維。由於第一年結束後，學生個個興致勃勃，因此連續實施兩年，建構了數位任務在班級實施的可行模式。

　　老師們一直鼓勵學生，可以延續他人的想法，站在巨人的肩膀上思考更好；突破一些奇想，做一些瘋狂的點子都可以。所以，學生們就順著這樣的思路走，隨時把點子記錄在點子筆記本中，並且將想法呈現在點子實驗室的海報上（圖13），大家可隨時駐足瀏覽、思索或補充這些點子。於是，點子們開始互相激盪，發揮 1+1 大於 2 的效果。

　　此外，老師們也一直希望能讓學生在點子實驗室深度的 Play，善用點子筆記本，透過交流分享，學習彼此的好點子，互相幫助突破與創新。終於，各組

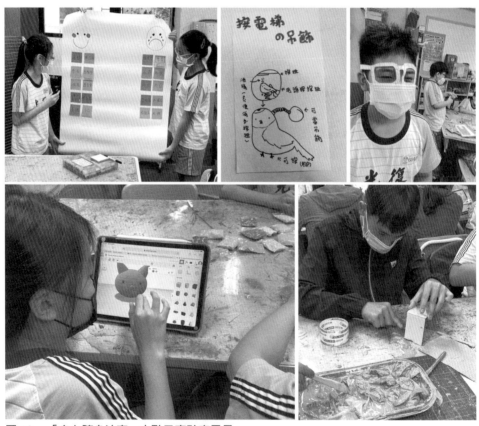

圖 13 ·「自在隨身法寶」之點子實驗室風景
（上排右）試做試戴眼鏡；（下排左）用 3D 建模；（下排右）用黏土塑出堅固的保護殼

找到了各自想要解決的關鍵問題，以下是「自在隨身法寶」的幾組專案（舉隅）。以小組 B 為例，一開始的作品只是做有太陽能功能的電風扇，後來發現別組做了定位，便想自己的作品是不是也應該再加個功能？所以他們又自發延伸出產品的定位功能。

小組 A：找不到東西是長者很常會發生的狀況，眼鏡、手機、錢包、鑰匙等小物，因此我們決定要從「小物定位」出發，且必須是長者喜歡用的小物，我們決定要研發能耍酷且讓長者喜歡的小物定位器。

小組 B：臺灣的夏季越來越熱，長者又有運動需求，因此，我們想設計隨身定位風扇，讓長者隨身攜帶，輕便又好用。

小組 C：最近跟爺爺奶奶聊天，發現他們記性越來越差，因此，我們寫了一個 App，讓爺奶們選取可愛的兒孫照片來做記憶遊戲，希望能在有趣的遊戲中，強化他們的記憶力。

小組 D：跌倒是長者很常發生的意外，在校我們也常發生跌倒事件，身手矯健的小孩三兩下爬起來就沒事，但對於生理狀況已經不是很好的長者，常常一跌就造成嚴重的骨折，緊接著是行動不便，甚至臥床等問題。因此，我們以鋼鐵人為開發雛形，想研發不易受傷又酷炫的護具。

關於「不設限」的想法，老師們關心的其實是：在既定的規準下，如何可以兼具創意又可以適切的破框？因為一開始頒發任務信時，就有規準的界定，如「自在隨身」，其實學生必須想清楚，最終作品既要能隨身攜帶，又要能讓老者使用時感覺自在。老師們的想法是，在怎樣的界線下，學生們仍有揮灑創意的空間。

#先有創意，再磨基礎

從創意出發，先有創意發想，再細磨基礎，要有自信不怕丟臉。

光復團隊老師們非常珍視學生的創意，因此，鼓勵學生們大膽想像，將腦海中的畫面具現出來，並且提醒學生要有自信，不怕丟臉。好的創意未必一開始就是完美的，但它是有價值的，有其實用性與新穎性，值得持續的精進。所

以老師們對「以終為始」的詮釋是：成果發表會看到的學生成果，其實仍在持續演變，每個作品都有個渴望實現的目標（終），促使設計師持續精進（始），所以，你現在看到的是「四季帽」，它一開始的設計可能是一個拐杖，未來可能演變成一個消毒的用品等等，鼓勵學生發揮創意，不斷修正。

———— ◆ ◆ ◆ ————

對於激發創意與破框，團隊教師們覺得有以下三項有益的做法：

（1）好好的經營「點子實驗室」，鼓勵捕捉點子的各種方法，將想法視覺化，促進交流，激發靈感，讓設計有跡可循。

（2）開設各類型的「充電站」，依據學生所需，提供他們主動尋求諮詢、支援與資源的機會。

（3）指導學生展現獨特價值，要點是夠吸睛、有自信、不怕丟臉。

回顧第二年「自在隨身法寶」之「鋼鐵帽」，在成果發表會上是最吸睛，也是最有自信的。學生坦誠表示，還沒有正式完成，需要加裝未來的 VR 技術，放在「鋼鐵帽」前方預留的一個位置。這位學生所展現的，也是老師們所強調的，要有自信，勇敢的設想最終成品。儘管不是現在的樣子，但以終為始，你可以因此有明確的方向再嘗試、再學習，越來越精進。

圖 14 呈現了「蝸牛阿嬤」的演化：第一代「蝸牛阿嬤」，想幫長者找到遺

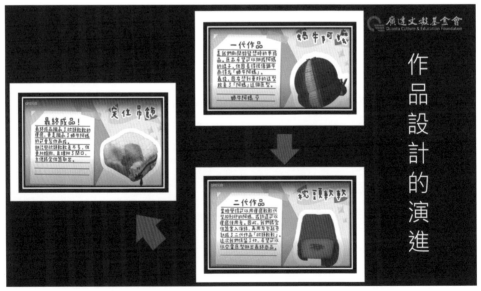

圖 14・作品的迭代演進

失物品；可是他們發現 3D 列印出來的「蝸牛阿嬤」觸感不好，所以研發了第二代作品，用軟綿綿的材料包起來；沒想到又發現其他問題，再接再厲繼續做出第三代可追蹤遺失物品的「GPS 定位吊飾」，左邊就是他們的最終成品。

　　參與計畫的老師們原本一直在想，是否應先傳授些什麼，以確保學生能順利達成任務目標。沒想到還沒教學介入，學生們的創意一再令人驚豔，老師們反而從學生身上學到了無限的創意！

#校際交流與互助

　　海納百川，校際交流與互助，可汲取多方觀點與寶貴建議。

　　光復國小師生第二年參加了臺北市成德國小的發表會，老師們認為，這是相當難得的機會，可以讓學生親自看看其他學校學生如何詮釋同樣的主題「超潮耍老派」，以及友校同學們的作品（圖 15）。那次觀摩回來後，學生們的確多了許多新的想法。同樣的，成德國小師生也來參加光復國小的成果發表會（圖16）。

圖 15‧參加成德國小的成果發表

　　因疫情關係，第二年成果發表會實體場有人數限制，只有成德國小 27 位師
生與長安國小 7 位師生及校內師生可到現場參加。其餘友校（馬祖中正國中小、
臺北西湖國小）則透過線上成果網站參展與投票。

圖 16‧混成式成果發表校際交流

值得一提的是，光復與馬祖中正國中小（為連江縣南竿鄉中正國中與清嶺國小於 1974 年合併而成）組成跨校聯盟，為了讓馬祖中正國小的任務能順利達標，建奇老師特別跨海連線（圖 17），上了兩次 App Inventor 課程，每次 3 小時，讓馬祖的學生學會後應用在釣魚牌的 App 設計。

圖 17・跨海支援友校教學

———— ◆ ◆ ◆ ————

長安國小胡哲愷老師參展後回饋：「難得有機會帶學生到其他學校觀摩學習。大概是當老師有點久了，一開始覺得成果發表的作品應該有一定的『樣子』，今天這場卻不太一樣。孩子們的作品完成度不太相同，甚至有經過努力但沒有成功的分享。每組同學上台發表都笑容滿面，很有熱忱的介紹他們的作品，整個研發的歷程，不是背稿的感覺，和台下的互動歡笑不斷。我相信，他們在學習過程中種下的種子，不一定只是最後的成品，而是快樂學習過程中的難忘經驗吧，超棒！」

光復學習設計師的獨到心法

#讓學生深度 Play 的點子實驗室

如何讓學生開放探索自己想解決的問題？為此，光復團隊很用心參考麻省理工學院媒體實驗室（MIT Media Lab）的精神，打造讓學生深度 Play 的點子實驗室。這裡有 Project（專案）、Peer（同儕）、Play（玩樂）和 Passion（熱情）——正如兒童程式 Scratch 開發者米契爾・瑞斯尼克（Mitchel Resnick）教授所倡議的 X 人才「4P 學習論」。

在點子實驗室裡，學生為了更有趣、更好的作品，不斷的嘗試。為達到理想，自然使出渾身解數，不怕困難，不怕錯誤，沒有極限，自我潛力因此無限延伸，這正是瑞斯尼克教授所重視的 Play（玩樂）（Resnick, 2017/2018）。過程

中，老師們善於傾聽與賞識，讓璞玉發光，是恢復學習者主體性與內在演化能力的要素。

不可諱言的，教師賦權學生成為「學習的共同創造者」，允許學生可以多元的方式學習，獲得各自不同但重要的學習經驗與成長，並不容易。回顧曾設計數位任務的學校經驗可發現，現有的技術限制，以及對數位作品完成度的期待等，是教學者遇到的挑戰，同時影響老師們對數位任務學習結構強度與開放性的抉擇。此外，真實情境議題所帶出的素養學習，更需要跨領域的教師合作，整合校內外資源，方能順利實現。

就像臺東康樂國小數位任務設計學習計畫的良苑主任曾表示，最欣慰的是，發現學生原本只有簡單的設計，後來能主動的越想越細緻；原本局限於自我想像，後來能辨識使用者的差異；與長者合作從感到害怕到互動自然等，這些學習表現實屬難能可貴。

然而學生資訊能力的落差，確實造成專案執行的難題，例如有些學生尚未接觸 micro:bit，對於接線、程式設計尚陌生，須靠教師手把手協助，才能有所進展。因此，需擴充教師群，分組協助。為實現學生豐沛的設計巧思，教師團隊合作並爭取校內專長技術支援，如解決「反應訓練器」的水管搭建、線路連結；「大力金剛腿」感應器與計分燈板的整合；「阿美智慧王」開源微控制器開發板與電腦的溝通等難題。做這些雖然辛苦，但是學生看到自己想法可以實現，莫不振奮雀躍。

技術之外，學生遇到的問題還涉及原住民語言、文化與服飾，可不可以狩獵的動保議題討論等，很自然地可同步開展素養導向的跨域學習。有關臺東康樂國小的設計學習計畫，可掃碼參閱線上展覽平台展區課程介紹。

掃我看線上展覽

#以科技實現人文精神

從第一年「時光音樂寶盒」到第二年「自在隨身法寶」，光復團隊教師們在設計前所未見的任務時，總不忘透過關鍵概念邀請學生們像設計師般探索、洞察事實與概念，進而能自主詮釋，展現變通性與獨創性。

平衡分析與直覺思維，是設計思考的特色。數位任務的學習設計，若單純以問題解決為目標，學生的學習可控制在一定的範圍內，逐漸深化。但若期待

以科技實現人文精神，則涉及美感思考與價值創造。數位裝置的設計可以不僅止於問題解決，透過數位作品也能傳遞或創造人文價值。我們在願意持續探索數位任務學習設計的學校案例中，也看到老師們對「以科技實現人文精神」的認同與執著。如臺南市中山國中「聽・家・書」、「心喃相」學習設計背後的人文精神（圖18）。

掃我看線上展覽

圖 18・中山國中之家屋

● 願景與建議 ●

★ 設計學習一句話

參加設計學習，一定不能只參加一年，在裡面越久，才越能發現它的美好！

★ 給就要嘗試設計學習的你

設計學習計畫，讓學生可以學到除了知識以外的能力，包括：蒐集與統整資料、創意發想、小組分工與合作、簡報製作、程式撰寫、表達（上台發表）

的能力……等，而這些將能成為學生們帶得走的能力，也是他們面對未來最需要具備的核心素養。

設計學習的教室裡，學生的學習從被動變成主動，老師的工作從填鴨者變成開發者，激發學生們對學習的熱情與渴望，讓璞玉發光，如此一來，學習和教學都變得更有趣了！

在這樣的教室裡，學習不設限，但必須很自律，遵守「不偏離主題」、「不否定同學」、「遵守教室規則」、「每個人都有事做」的規則。而要打造這樣的一間教室，很不容易，事前功課要做很多，包括：

1. 釐清任務規準、目標、問題及預備學生所需

勿輕忽任務信的撰寫，問題、規準要明確，目標要可行，這是所有步驟最重要的。教學前，最好預想學生所需的資源與支援，事前做好充分的準備。

2. 連結經驗與提升思考力

讓學生置身於真實情境，以生活與學習經驗為基礎，運用設計思考、運算思維解決問題。

3. 提供支持和反饋

學生執行任務的過程，需要教師適時提供資源和指導，讓學生得以發揮4C，同時也要及時提供反饋，幫助學生調整學習方向和策略。

4. 建立合作學習環境

讓學生願意相互合作、討論和交流，從而促進個人間的學習和發展，同時幫助學生培養團隊合作和溝通能力。

—— ◆ ◆ ◆ ——

像這樣的一間教室，沒有辦法靠一個老師經營，當然是需要一個團隊；教師團隊的成員最好能有互補功能，也就是建議一定要找到一群志同道合的團隊。祝福大家！

與教師一起同行

呂金燮

　　20 世紀教育思想家杜威強調，沒有一個學習理論或教學模式可以解決所有學習或教育的問題，要讓學校教育期待的學習結果（例如自主學習或社會參與）有效發生，學習必須經過設計，尤其參與式學習關鍵不在課程內容，而在師生共構，更需要設計，而且必須適當的使用。

　　倡導參與式學習觀點，若過度強調改變的理想性，容易與課堂的結構脫節，流於形式化；而過度強調教師的教學實踐，則容易把教師當作改變的目標，無法對學生的學習創造實質的改變，所以英國教育家古德森教授建議：在學校結構中，協助教師促發教與學的改變，必須與教師協力發展一種新的合作模式，支持拓展教師以新的視野看待學校學習歷程（Goodson, 2003）。

　　若要協助教師重新建構參與式學習的理念與設計，必須讓教師在合作中獲得更大的自主與創造空間，方能促發學習文化的改變，更能從實踐歷程中更新理論與設計。這個合作模式，必須理解教師在學校情境中成功適應和實踐參與式學習理念所需的條件，因此關鍵重點在於「協力同行」：

- 理解教師面對改變的挑戰與不安，支持教師重新看待改變的挑戰。
- 協助教師發揮創意，在既有的課堂結構中改變自身教學的學習歷程。
- 建構一個看見教學改變有效帶動學生學習實質上改變的機制。
- 支持教師成為協力合作的主力，將參與式學習理念延展為學校學習文化的基礎。

―――― ◆ ◆ ◆ ――――

　　基於一連串教育改革的理念，教師普遍認同學生自主參與課堂學習的重要性，尤其學生中心的理念、學習經驗連結生活情境、參與社會議題探究等對學習的重要性。近年素養導向的教育理念，鼓勵教師善用多元的參與式學習設計模式，例如任務導向學習、重理解的課程設計等，相關設計原則、步驟和教學

案例多元且豐富。然而，許多教師對新模式抱持過度浪漫的態度，以為只要使用相關的課程設計模式，期待的學習結果就會發生，或者過度低估學生，反而造成反效果，導致對參與式學習的設計觀點心存疑慮。

教師對參與式學習理念與使用效果的疑慮

首先，過度浪漫的學生中心理念，過度低估既有經驗與知識的抵抗力。

進步主義的「學生中心」，一直是教育理念最浪漫並且最容易誤導的理想（Dewey, 1938），為重視學生個體性的自然發展與學習需求，學生中心的理念重視與因應學生的獨特性，導致教師過度敏銳於學生的滿足感或不悅感，而將確保學生的快樂視為「學生中心」最重要的責任；或者為了鼓勵學生發揮創意、自主學習與合作解決問題，認為讓學生自由發揮最能夠以「學生為中心」，將自主學習視為獨立學習或者自由發揮，甚至只要有小組就是合作學習的誤解，造成基本讀寫能力練習度不足，有礙高層次的統整性學習，因此，對參與式學習的效果產生疑慮。

基於過度浪漫的學生中心思維，教師容易過度低估學習者既有經驗與知識基礎的抵抗力。一般教師理解學生的學習必須連結其舊經驗的重要性，致力於將學生的舊經驗或已知的知識呈現，卻僅是用來引起動機或者做為討論對錯的例子，而沒有提供讓學生探究自己，或者讓學生既有思維邏輯運作起來的機會。

除了「時間不夠」外，大部分教師往往誤以為只要能提出一個關鍵性的經驗或概念，就可以動搖、打破或者超越既有的經驗與知識基礎，忽略了一個概念不會是一個孤立運作的單位，要想駁倒撼動一個既有的經驗或知識基礎，不是那麼的理所當然，因為它與一個更大的、一致性的思維結構連結在一起，也就是學習者的思維系統。大部分情況下，這個系統會對教師精心設計的教學歷程產生防衛措施與抗衡，不但容易強化某些思維模式的固著性，甚至會造成扼殺學習者探究欲望的連帶效應（Giordan, 1995）。

—— ◆ ◆ ◆ ——

其次，對生活經驗的使用過度單一或隨機，低估情境真實性與合理學習條件和標準的關係。

為了與生活情境連結，參與式學習強調真實生活的議題／問題，導致教師

過度重視學生日常生活經驗或喜好，誤以為只要與日常生活的事務有關，就是真實的生活情境，忽略「真實性」生活脈絡的複雜、多元、不確定性與責任承擔的意義，以及課程實質內容的重要性。

素養導向教學強調「情境脈絡化」，教師樂於從生活經驗中取材，但往往為學習內容塗上一層「生活連結」的表層。以數學建立圓的概念為例，一些教師會提供許多生活中圓形的例子，從各種圓的圖形或實物說明歸納圓的特性；用「輪胎、甜甜圈、花圈、銅板，哪個不是圓形的東西？」做為評量題目；或者數學文字題用許多文字說明問題的情境，花很多文字去說明不同牌子汽車、腳踏車的車輪；而應用任務設計時，用新車輪的設計引起動機，或者請學生用圓的概念設計「新車輪」，忽略任務導向學習的精神。換句話說，把數學生活化，而非把生活數學化。

的確，用生活經驗的例子，學生對概念的學習會比較容易，以學生熟悉的生活情境說明問題，可以幫助學生學習或解決除法和分數問題。用生活經驗問題引起學生學習的動機，但是數學概念仍然是主體，而非學生的學習。研究發現，這類從生活經驗中取材的問題，和生活情境中問題的真實性相去甚遠。學生仍依賴從課本或課堂中學習的知識解決問題，甚至用課堂上學到的方式解決，而非使用數學的思考去解決和面對生活情境中的問題，或者運用生活經驗創造解決數學問題的策略（Schoenfeld, 1985）。

此外，為了引發學習的動機，或者對學習內容有感覺，許多教師致力於以生活情境讓學生真切感受到解決問題的需求，認知衝突或矛盾，有些生活經驗的使用，則是過度「生活」的隨機性，缺乏配合學生學習條件的設計與合理的學習標準（Eisner, 2001），造成知識學習的混淆，以及學生鬆散放任的學習態度。然而，一般教師會將這些結果歸因於學生年紀太小、經驗不足、知識不夠、技巧不熟練、不擅長整合與運用各種資訊和技術，或者學生人數、內容進度與時間壓力等，認為生活情境的使用不但耗費時間，而且給學生時間討論與實作解決問題，學科進度很難完成。尤其部分基礎知識與學習能力欠佳的學生，探索嘗試歷程容易造成錯誤迷思，學業成就成效不彰，這些都是教師對使用真實性議題連結學科知識與生活情境產生疑慮的原因。

———— ◆ ◆ ◆ ————

其三，對新的教學模式過度浪漫的期待，低估改變所需的層面與時間。

基於教育理想，許多教師樂於嘗試改變教學，或者應用新的學習觀點改變學生的學習，例如最新素養導向對任務導向學習設計的倡導，但是往往期待一種可以直接實際應用的教學方式，忽略了理解這些教學方式與其背後對學習的預設觀點，如何形塑學校學習文化，制約我們組織與思考課堂學習的模式，乃至於在應用新的理念與方式時，對課堂學習現象的變化，產生許多疑惑、不適應與不安，教育研究者認為這是所有教育改革失敗最重要原因。

　　研究發現，以控制性觀點的教學設計與班級控制越有效率的教師，在初次嘗試改變教學時，最常出現某種領域不適用，時間不夠，或者學生沒有控制能力等；而新手教師則往往望之卻步，覺得「這個目標很理想」、「一個人怎麼可能做到」等。的確，某些知識定義或結構性的學習，不需要也不適合連結「生活情境」的設計，而參與式學習也不是唯一「連結生活情境」的教學方式。

　　另一個抗拒改變的因素是，縱使教師費力調整教學了，卻無法彰顯改變的效果，其中主要因素是學生抗拒學習習慣的改變。很多學生對課堂學習覺得無聊、不感興趣，甚至拒絕參與，但是當老師費心改變原來的教學方式，他們卻對這個變動產生抗拒，造成教師需要面對的衝突與張力來源，加上家長的期待與價值觀等。

　　許多教師未能適當體認教學的改變並不是改變一個課堂的教學而已，同時也影響教師對學生的學習歷程與對學習成就的信念，教師和學生在學習中的角色定位，連帶對學校的學習生活與文化產生影響（Goodson, 2003），是教師使用參與式學習設計時，需要的心理支持。

　　如前述，杜威曾說參與式學習是最人性、最簡單的學習方式，卻把教學變複雜了。參與式學習強調學習是一個極其複雜的歷程，更何況每個學生都是獨立的個體，學習的結果無法控制與複製，學習也沒有所謂的唯一有效策略。參與式學習的理念改變教學與學習結果的直接控制關係，不但打破教師對學習與生活經驗的關係，習以為常的教學方式，也挑戰了大部分教師對自身教學角色根深柢固的信念與習慣。

教師在參與式學習中角色改變的不安與需求

　　任何新知識的學習，都不是輸入與輸出對應的機械性反應，教師學習觀點

的改變也不是努力推動就會自然發生。為了讓每個課堂的教學發揮作用，每位教師都有自己一套的教學方式，每位優秀教師的教學都不會忽略學生的回應與社會生活的期待，課堂多多少少都會強調學習者的自主性、社會生活情境的關聯性，以及合作協同性等能力，每位教師有自己輕重緩急的優先順序，適時的調整教學歷程，藉以讓教學能夠順利進行。一般教師對自己的專業角色習以為常後，改變專業角色的認同是一個非常費力且甚至顛覆自我思維結構的歷程，是最需要被理解與支持的歷程。

——— ◆ ◆ ◆ ———

參與式學習的理念，強調學習不是純粹的知識概念領域，而是與情感、目的性與實踐意義三者緊密連結，且在特定的社會文化環境中進行，是高度情境依賴與變動性的歷程。

為利於學習者自主積極的持續性參與，教師必須成為學習的促進者與協同者，而非知識的權威與學習的全能控制者。教師需要有意識性與目的性的，從專注於「什麼是我要教完的內容」以及「應該如何教」，轉為關切「什麼是學生需要學會的」、「學生如何呈現學習結果」與「學生可以如何學會」等逆向設計的思維模式（Wiggins & McTighe, 1998），也就是從關注「學科領域知識的內容與組織」做為教學設計的重點，改變為以學習者與知識、問題情境等學習情境關係的設計為主。

事實上，為了學生的學習，沒有一位優秀的教師會把自己完全固定在某一個特定的角色。但是，基於學校的課程結構與績效導向的學習文化，許多教師為了取得既定學習的結果，控制教學與評量歷程，重視班級經營的控場策略，大部分的比例必須扮演權威者與指導者，鮮少有機會發揮協同者與促進者的角色。習以為常後，教師改變專業角色變成一個顛覆自我思維結構的調適歷程，而緊湊的教學結構，更不利於這個調適歷程。

> 為教師建構一個安全的調適空間，是教師角色改變的迫切需求。

——— ◆ ◆ ◆ ———

另外，學習理論與教學實務的落差，一直是教師專業學習上的不安與矛盾，也是許多教師對教學角色改變不安的因素之一。

學習的理論與實踐上的需求往往不一致，甚至是衝突的，與學習理論完全一致的教學設計，在教學情境上往往無法實際使用，甚至無法達成教學上的實質意義，遺漏教師在教學實踐上最重視也最需要的，也就是學生的學習與教師的專業判斷空間，因而產生知識無用論的態度；而過度重視實際教學，缺乏理論的思辨歷程，教學容易流於個人慣性經驗與情境的隨機性。

> 為教師的學習提供一個學習理論與實踐整合的歷程，
> 支持教師在理論與實踐間有效進行擇宜的判斷，
> 是支持教師改變專業角色必要的條件。

從參與式學習的觀點，和所有學習者的學習同樣道理，教師角色的改變來自教師自身經驗的重構歷程，在於既要善用既有的經驗與知識，又要藉由理論與新知跟這個既有的經驗基礎反著來，是自我在新舊理論與經驗之間不斷調適的歷程。

這時候，教師和所有學習者一樣，需要的是一種新舊經驗，理論與實踐上的調節整合歷程與探究空間，在舊經驗、新知與教學問題間，建立一種暫時的和試探性的橋梁，藉以判斷新知、舊經驗與情境脈絡的關係，以利選擇適當有效的經驗與知識在問題情境中，進行自我調節整合的行動歷程，也就是進行知識與實踐原型化的歷程（Sternberg & Horvath, 1995），方能有利於在課堂教學情境中落實新的理念，促發有效學習改變的發生。

換句話說，教師從教學設計轉型為學習設計者，教師的學習也必須從參與式學習的觀點重新設計，才能支持教師重新定位其專業角色與學生的學習成就。

轉化確立新思維，展現學習領導的魅力

學校教育最積極的目的是促進人類智能發展，透過教育有意的、引導性的改變，課堂學習經驗的充分分享與轉化，是民主社會集體的經驗改造，這個前提是學生、教師和我們每一個人，都得願意承擔「智力的風險」（Gardner, 2011)，不妥協於標準的正確答案，或者滿足於安全的解決方式，才有更明智的生活實踐。

好的學校不是沒有問題的學校，好的設計不是完美的設計，而是不斷發現問題，在解決問題中重新學習的歷程。回應不斷變化的學習理論與未知社會的需求，參與式學習設計並非萬靈丹，或者期待用這種觀點解決所有教育的問題，而是如奧地利哲學家路德維希‧維根斯坦（Ludwig Wittgenstein）在〈札記〉中所言：

> 洞見或透視隱藏於深處的棘手問題是件很艱難的事，因為如果只是把握這一棘手問題的表層，它就會維持原狀，問題仍然得不到解決。因此，必須把它「連根拔起」，使它徹底的暴露出來，就要求我們開始以一種新的方式來思考。（Wittgenstein, 1984）

———— ◆ ◆ ◆ ————

新的思維方式得以確立，舊的問題就會消失，因為舊的問題與我們舊的觀點以及表達方式相伴，一旦教師能夠用參與式學習的觀點來表達自己的專業角色，控制性教學觀點所造成的問題就會連同舊的教學語言一起被拋棄，但難以確立的正是這種新的思維方式。

對學習思維觀點的改變總是不容易的，支持教師改變在課堂學習中的角色，最簡單的解決之道，是與教師一起同行，以安全方式冒學習的風險。設計學習計畫至今 10 年，參與的每位老師與團隊教師善用 DBL 設計真實性的任務，調整自身組織與思考教學的方式或模式，帶領學生與自己跨越學科領域的藩籬、跨越課本與生活的屏障、跨越學校與社區的圍牆，以策展和數位裝置的作品展現他們對社會議題前所未見的觀點與解決之道。參與設計學習計畫中，他們勇於擁抱 DBL 的觀點，從教學實踐歷程，給自己與學生新的可能性，彰顯了學習領導者的特質（Brooks, Brooks, & Goldstein, 2012）：

——相信重視學習者生活和情緒，不是額外課程或副學習。

——相信每位學習者都想學習，而且都想追求卓越。

——相信每位學習者都有成就動機，但有些負面心態影響。

——相信學校系統無法滿足學習者的每個需求，但是當這需求影響學習，學校就必須接受這個挑戰。

——相信如果設計的任務無法達成目標，要先問的是：「對這個情形，我們還可以做些什麼不一樣的調整？」而非先檢視學生的不足，或等待學生自我

改變，並將這個調整歷程視為自我增能的機會。

——相信自己的行為對學習者有長期的影響。珍惜自己同理心的能力，藉以理解學習者真正的學習需求。

———— ◆ ◆ ◆ ————

設計學習計畫，藉由 DBL 的原型設計，尋求的是保留、更彰顯每位老師個人教學藝術的風格。我們藉由本書的書寫，呈現每一位學習領導者的獨特魅力，邀請每一位關切學習、追求自我挑戰的教師一起參與。

更重要的，設計學習絕對不是一個人孤軍奮鬥，相信我們有改變學習系統的力量，因為我們就是學習系統的一部分！

Part 1

Bacon, F. (1999). *Novum Organum: With Other Parts of the Great Instauration.* Open Court Publishing Company.

Brown, T. (2008). Design thinking. *Harvard Business Review, 86*(6), 84.

Bruner, J. (1996). *The Culture of Education.* Harvard University Press.

DeCenzo, D. A., Robbins, S. P., & Verhulst, S. L. (2016). *Fundamentals of Human Resource Management.* John Wiley & Sons.

Dewey, J. (1938). *Education and Experience.* Macmillan Company.

Dewey, J. (2001). *Democracy and Education: An Introduction to the Philosophy of Education.* Macmillan Company.

Dewey, J.（2018）．*明日學校：杜威論學校教育*（呂金燮、吳毓瑩譯）．商周出版。（原著出版於 1972）

Doidge, N. (2007). *The Brain That Changes Itself: Stories of Personal Triumph from the Frontiers of Brain Science.* Penguin Life.

Eisner, E. W. (2001). *The Educational Imagination: On the Design and Evaluation of School Programs.* Pearson.

Gardner, J. W. (2015). *Excellence: Can We Be Equal and Excellent Too?* Hauraki Publishing.

Gardner, H. (2011). *Frames of Mind: The Theory of Multiple Intelligences.* Basic books.

Giordan, A. (1995). New models to learn? *Prospect,* Vol. (25), 109-127.

Goodson, I. (2003). *Professional Knowledge, Professional Lives.* McGraw-Hill Education.

Haste, H. (2010). Citizenship education: A critical look at a contested field. *Handbook of Research on Civic Engagement in Youth,* 161-188. Wiley.

Jackson, P. W. (1990). *Life in Classrooms.* Teachers College, Columbia University.

Lave, J., & Wenger, E. (1991). *Situated Learning: Legitimate Peripheral Participation.* Cambridge University Press. https://doi.org/10.1017/CBO9780511815355

Maslow, A. (1968). Some educational implications of the humanistic psychologies.

Harvard Educational Review, 38(4), 685-696.

Nelson, D. (2022). *Cultivating Curiosity: Teaching and Learning Reimagined.* Jossey-Bass.

Nieveen, N. (1999). Prototyping to reach product quality. *Design Approaches and Tools in Education and Training,* 125-135. Springer.

Schwab, J. J. (1971). The practical: Arts of eclectic. *The School Review, 79*(4), 493-542.

Sims, R. (2006). Beyond instructional design: Making learning design a reality. *Journal of Learning Design, 1*(2), 1-9.

Sternberg, R.J., & Horvath, J.A. (1995). A prototype view of expert teaching. *Educational Researcher, 24*(6), 9-17.

Vygotsky, L. (1978). *Mind in Society: The Development of Higher Psychological Processes.* Harvard University Press.

Wu, T. (2016). *The Attention Merchants: The Epic Scramble to Get Inside Our Heads.* Vintage.

張瀞文（2015）．3 股力量 翻轉台灣公校．親子天下（73）。
https://www.parenting.com.tw/article/5068953

Part 2

Brown, T.（2013）．*設計思考改造世界*（吳莉君譯）．聯經。（原著出版於 2009）

Bruner, J.（2001）．*教育的文化：文化心理學的觀點*（宋文里譯）．遠流。（原著出版於 1996）

Davis, M., Hawley, P., & Spilka, Davis, M., Hawley, P., & Spilka, G. (Eds.) (1997). *Design as a Catalyst for Learning.* ASCD.

Erickson, H. L., Lanning, L. A. & French, R.（2018）．*創造思考的教室：概念為本的課程與教學*（劉恆昌譯）．心理。（原著出版於 2017）

Koh, J. H. L., Chai, C. S., Wong, B., & Hong, H.-Y. (2015). *Design Thinking for Education: Conceptions and Applications in Teaching and Learning.* Springer.

Nelson, D. (2004). *Design Based Learning Delivers Required Standards in All Subjects, K-12.* Retrieved from: https://www.csupomona.edu/~dnelson/documents/jis_vol17_fall04.doc

Nelson, D. (2022). *Cultivating Curiosity: Teaching and Learning Reimagined*. Jossey-Bass.

Sisson, P. (2019). A very young version of the future Pritzker winner turns the classroom into Kid City. Retrieved from: https://archive.curbed.com/2019/6/14/18679575/frank-gehrys-school-architecture-design-learning

Tomlinson, C. A., & McTighe, J. (2006). *Integrating Differentiated Instruction and Understanding by Design: Connecting Content and Kids.* Association for Supervision and Curriculum Development.

Wiggins, G., & McTighe, J.（2015）·*設計優質的課程單元：重理解的設計法指南*（賴麗珍譯）·心理。（原著出版於 2011）

Wiggins, G., & McTighe, J.（2016）·*核心問題：開啟學生理解之門*（侯秋玲、吳敏而譯）·心理。（原著出版於 2013）

Part 3

Erickson, H. L, Lanning, L. A., & French, R.（2018）·*創造思考的教室：概念為本的課程與教學*（劉恆昌譯）·心理。（原著出版於 2017 年）

Ibarra, H.（2020）·*破框能力：全球 TOP50 管理大師教你突破「專業」陷阱*（王臻譯）·今周刊。（原著出版於 2015 年）

Irwin, R. L., & de Cosson, A. (2004). *A/R/Tography Rendering Self through Arts-Based Living Inquiry.* Pacific Educational Press.

Resnick, K.（2018）·*學習就像終身幼兒園：打造 X 人才，培養創意思考者的 4P 新教育*（江坤山譯）·親子天下。（原著出版於 2017 年）

Wallas, G. (1926). *The Art of Thought.* Harcourt, Brace.

陳俊辰、盧亞屏（2016）·超高齡社會／一句掏心告白：我不怕老，只怕孤單！·2016 年 4 月 13 日，https://www.commonhealth.com.tw/blog/1589

黃永和（2001）·*後現代課程理論之研究：一種有機典範的課程觀*（初版）·師大書苑。

結語

Brooks, R., Brooks, S., & Goldstein, S. (2012). The power of mindsets: Nurturing engagement, motivation, and resilience in students. *Handbook of Research on Student Engagement* (pp. 541-562). Springer US.

Dewey, J. (1938). *Education and Experience.* Macmillan Company.

Eisner, E. W. (2001). *The Educational Imagination: On the Design and Evaluation of School Programs.* Pearson.

Gardner, H. (2011). *Frames of Mind: The Theory of Multiple Intelligences.* Basic books.

Giordan, A. (1995). New models to learn? *Prospect*, Vol. (25), 109-127.

Goodson, I. (2003). *Professional Knowledge, Professional Lives.* McGraw-Hill Education.

Schoenfeld, A. H. (1985). Making sense of "out loud" problem-solving protocols. *The Journal of Mathematical Behavior, 4*(2), 171-191.

Sternberg, R.J., & Horvath, J.A. (1995). A prototype view of expert teaching. *Educational Researcher, 24*(6), 9-17.

Wiggins, G., & McTighe, J. (1998). What is backward design. *Understanding by Design, 1,* 7-19. ASCD.

Wittgenstein, L. (1984). *Culture and Value.* University of Chicago Press.

陳偉仁、黃楷茹、吳青陵、呂金燮（2018）·專業學習的建構：「設計本位學習」
創新教學之行動探究·*教育實踐與研究*，*31*(2)，25-56。

- 如何建構專業學習的方式，支持教師永續的創新教學？該文以一個
  實施設計本位學習的教師團隊為例，說明品賞與識讀學生作品，是
  使教師得以持續創新教學的專業核心。

陳偉仁、黃楷茹、吳青陵、呂金燮（2019）·成人之美：運用同儕教練鷹架發
展資優教育與普通教育課程的共構·*資優教育季刊*，*149*，1-12。

- 同儕教練是透過諮詢、合作、互惠的過程，引導教師專業學習的方
  式。文中報導一個資優教育成長團體，歷經數年的探究，發展同儕
  教練的鷹架，引導普教老師應用設計本位學習來改變課室風景。

陳偉仁（2020）·學習自主性的鷹架：專題式學習設計的課程轉化與實踐·鄭
章華主編，*自主學·學自主：十二年國教自主學習的實踐理路*（216-259）·
國家教育研究院。

- 中學階段如何實施設計本位學習？讀者可以看到一所國中教師團隊
  實踐兩年設計本位學習課程的專業成長，國中生的學習自主性也在
  歷程中，獲得滋養與萌發。

陳偉仁、楊婷雅（2020）·素養導向課程設計：「設計本位學習」的應用·*雲
嘉特教*，*32*，10-23。

- 設計本位學習模式可以提升高層次思考，展現創造性、設計性、決
  策性的思維，也符合能力統整、情境脈絡學習、善用歷程策略、實
  踐力行的素養導向課程發展原則。

黃楷茹、游健弘、簡偉娟、蔡忻怡（2021）·*任務導向學習的設計與實踐*·臺
北市立大學特殊教育中心。

- 設計本位學習的在地實踐，需要實踐智慧將理論轉化成可行、永續
  的運作方式。讀者可在該書中閱讀到一個資優班教師團隊如何解讀
  設計本位學習的理念，並且將理念轉化成三個極具參考價值的課程
  案例。

陳偉仁（2021）·策展：行動素養導向課程的實踐·*課程與教學季刊*，*24*（3），

209-236。

- 策展是一種行動素養的展現，可以設計本位學習模式，將策展有感的融入學校課程。文中報導「垃圾之歌」設計本位學習課程，以策展的議題、運思歷程和創意表徵，培養學生的行動素養。

國家圖書館出版品預行編目資料

二分之一的魔法教室：化身學習設計師！用真實的任務帶著學生愛上
學習／廣達文教基金會編著--初版--臺北市：商周出版；英屬蓋曼
群島商家庭傳媒股份有限公司城邦分公司發行，2024.07
256面；16.8*23公分 -（商周教育館；73）
ISBN 978-626-390-179-7（平裝）

1.CST：教學設計 2.CST：學習策略

521.4   113008266

商周教育館 73

二分之一的魔法教室
——化身學習設計師！用真實的任務帶著學生愛上學習

編　　　者／	廣達文教基金會
撰　　　文／	呂金燮、黃楷茹、陳偉仁、吳青陵、張芝萱（依章節順序排列）
企 劃 選 書／	黃靖卉
編 輯 協 力／	林淑華
責 任 編 輯／	羅珮芳

版　　　權／	吳亭儀、江欣瑜
行 銷 業 務／	周佑潔、林詩富、賴玉嵐、吳淑華
總 編 輯／	黃靖卉
總 經 理／	彭之琬
第一事業群 總 經 理／	黃淑貞
發 行 人／	何飛鵬
法 律 顧 問／	元禾法律事務所　王子文律師
出　　　版／	商周出版
	台北市 115 南港區昆陽街 16 號 4 樓
	電話：(02) 25007008　傳真：(02)25007759
	blog: http://bwp25007008.pixnet.net/blog　　E-mail：bwp.service@cite.com.tw
發　　　行／	英屬蓋曼群島商家庭傳媒股份有限公司城邦分公司
	台北市 115 南港區昆陽街 16 號 8 樓
	書虫客服服務專線：02-25007718；25007719　　24小時傳真專線：02-25001990；25001991
	服務時間：週一至週五上午 09:30-12:00；下午 13:30-17:00
	劃撥帳號：19863813；戶名：書虫股份有限公司
	讀者服務信箱：service@readingclub.com.tw　　城邦讀書花園 www.cite.com.tw
香港發行所／	城邦（香港）出版集團有限公司
	香港九龍土瓜灣道 86 號順聯工業大廈 6 樓 A 室 _ E-mail：hkcite@biznetvigator.com
	電話：(852) 25086231　傳真：(852) 25789337
馬新發行所／	城邦（馬新）出版集團【Cite (M) Sdn Bhd】
	41, Jalan Radin Anum, Bandar Baru Sri Petaling, 57000 Kuala Lumpur, Malaysia.
	電話：(603) 90563833　傳真：(603) 90576622　Email：services@cite.my

封 面 設 計／	丸同連合
排 版 設 計／	林曉涵
印　　　刷／	韋懋實業有限公司
經 銷 商／	聯合發行股份有限公司
	新北市231新店區寶橋路235巷6弄6號2樓電話：(02) 29178022　傳真：(02) 29110053

■ 2024 年 7 月 9 日初版一刷   Printed in Taiwan
定價 420 元

城邦讀書花園
www.cite.com.tw

商周出版

廣　告　回　函
北區郵政管理登記證
北臺字第000791號
郵資已付，免貼郵票

115　台北市南港區昆陽街16號8樓

英屬蓋曼群島商家庭傳媒股份有限公司城邦分公司　收

請沿虛線對摺，謝謝！

書號：BUE073	書名：二分之一的魔法教室	編碼：

 商周出版

讀者回函卡

感謝您購買我們出版的書籍！請費心填寫此回函卡，我們將不定期寄上城邦集團最新的出版訊息。

不定期好禮相贈！
立即加入：商周出版
Facebook 粉絲團

姓名：＿＿＿＿＿＿＿＿＿＿＿＿＿＿＿＿＿＿＿＿＿＿＿ 性別：□男 □女

生日：西元＿＿＿＿＿＿＿＿年＿＿＿＿＿＿月＿＿＿＿＿日

地址：＿＿＿＿＿＿＿＿＿＿＿＿＿＿＿＿＿＿＿＿＿＿＿＿＿＿＿＿

聯絡電話：＿＿＿＿＿＿＿＿＿＿＿ 傳真：＿＿＿＿＿＿＿＿＿＿

E-mail：

學歷：□ 1. 小學 □ 2. 國中 □ 3. 高中 □ 4. 大學 □ 5. 研究所以上

職業：□ 1. 學生 □ 2. 軍公教 □ 3. 服務 □ 4. 金融 □ 5. 製造 □ 6. 資訊

　　　□ 7. 傳播 □ 8. 自由業 □ 9. 農漁牧 □ 10. 家管 □ 11. 退休

　　　□ 12. 其他＿＿＿＿＿＿＿＿＿＿＿＿＿＿＿＿＿＿＿＿＿＿

您從何種方式得知本書消息？

　　　□ 1. 書店 □ 2. 網路 □ 3. 報紙 □ 4. 雜誌 □ 5. 廣播 □ 6. 電視

　　　□ 7. 親友推薦 □ 8. 其他＿＿＿＿＿＿＿＿＿＿＿＿＿＿＿

您通常以何種方式購書？

　　　□ 1. 書店 □ 2. 網路 □ 3. 傳真訂購 □ 4. 郵局劃撥 □ 5. 其他＿＿＿

您喜歡閱讀那些類別的書籍？

　　　□ 1. 財經商業 □ 2. 自然科學 □ 3. 歷史 □ 4. 法律 □ 5. 文學

　　　□ 6. 休閒旅遊 □ 7. 小說 □ 8. 人物傳記 □ 9. 生活、勵志 □ 10. 其他

對我們的建議：＿＿＿＿＿＿＿＿＿＿＿＿＿＿＿＿＿＿＿＿＿＿＿

＿＿＿＿＿＿＿＿＿＿＿＿＿＿＿＿＿＿＿＿＿＿＿＿＿＿＿＿＿＿＿＿

＿＿＿＿＿＿＿＿＿＿＿＿＿＿＿＿＿＿＿＿＿＿＿＿＿＿＿＿＿＿＿＿